歴史文化ライブラリー

261

文明開化
失われた風俗

百瀬 響

目　次

明治初期の風俗統制――プロローグ

明治初期の軽犯罪法

違式詿違《いしきかいい》条例という法律がある。現在で言うところの軽犯罪法で――地方によってばらつきがあるため一概には言えないが――おおよそ明治五年（一八七二）から十四年までの約十年間、当時の生活に関わる様々な事項を規制した。取り締まりの対象になったものには、江戸時代以来の生活上の規則を踏襲したものがある一方で、明治維新以降の社会の変化や価値観の転換によってもたらされたものもある。

例えばこの取り締まり項目の中には、入墨（刑罰によるものではない、いわゆる「彫り物」）や往来を裸（片肌を脱いだり太股が見えたりする格好を含む）で歩いたり、立ち小便をしたりしてはいけないというもの、あるいは肥桶《こえおけ》の運搬に関わるものまである。現在でも街中での立ち小便や全裸は軽犯罪法で禁止されているので、これらの内容に違和感を覚えることはそれほどないのではないかと思う。しかしこれらの項目が、外国人（西洋人）によって批判されたことが原因で、禁止されるに至ったとなると、意外に感じる人もいるかもしれない。

これは違式詿違条例の施行が文明開化と呼ばれている時期と重なることと関係がある、というよりはむしろ、違式詿違条例は、文明開化政策の一環として当時の風俗を積極的に取り締まる役割を担った、という方が正確であるかもしれない。禁止されるべき風俗の中には、外国人に「文明的ではない」――すなわち「野蛮」な風俗である――とみなされた項目も、多く含まれているからである。

明治以降、新しく首都となった東京に続き、国内で最も早くこの条例が施行されることになっていたのは、大阪や京都および「開港場」――安政の五ヵ国条約によって、外国船の寄港と外国人の滞在を許した、函館、横浜、新潟、神戸、長崎を指す――を抱える都市、いわゆる三府五港であった。実際にはこれらの地での施行は、全てが全国に先駆けて行われたというわけではない。しかしそれらの施行理由には、「外国人輻輳《ふくそう》の地」（外国人が多く行き交う土地）などの文言が記されており、外国人の日本に対する評価を重要視していたことがうかがえる。

文明開化ー「文明的」であること

文明開化の定義については「文明開化とは何か」で詳述しているので、ここでは簡潔に触れるにとどめるが、文明開化とは一般に、「西洋の近代思想や生活様式を積極的に取り入れようとした風潮」などとされている。西洋の文物を取り入れようという背景には、明治政府における外交上の重要課題の一つであった諸外国との不平等条約があり、一連の文明開化政策は、その撤廃を目的に行われたものでもある。当時の日本人にとっては、文明国家として世界に認められることが、列強諸国に植民地化されず、かつ欧米諸国と同等の待遇獲得を可能とする手段の一つでもあった。

ところで文明開化という言葉そのものを見ると、それまでの日本にも様々な文化が存在しているにもかかわらず、その文化を「文明化」する、というのも奇妙な話とは考えられないだろうか。自己否定とまでは言わないまでも、自らの文化を「文明的に改変する」という考え方の背景には、既存の文化に文明的ではないという判断を下し、それらを上位と下位に分ける視点があるからこそ可能な分類である。

当時の日本を取り巻く国際情勢から、明治政府や明六社《めいろくしゃ》の人々をはじめとするその頃のオピニオンリーダー達は、西洋に文化的に列することが条約改正の解決策であると信じた。したがって、結果的には文明に関わる判断の多くを外国（西洋文化）にゆだねる形になったのであるが、それはゆだねざるを得なかったというよりも、むしろ非常に積極的な形で西洋文化やその価値観を受け入れ、実現しようとする傾向が強かった。これは、上述の文明開化の一般的定義にも述べられている通りである。

よく知られているように、明治政府による急激な文明開化政策は、都市部のみならず、農村など村落部――本来なら変容しにくいと考えられる伝統的な社会と文化をもつ――にも、徐々に広がっていった。そして文化を改変しようという動きは、日本各地で時には極端な形で現れるようになる。

文化の変容―極端な「文明化」

筆者がこのような事例として高等学校で習ったのは、おおよそ次のような話であったと記憶している。

「明治維新直後のいわゆる廃仏毀釈《はいぶつきしゃく》運動（明治元年の神仏分離令により、神道が国教化された）が盛んだった頃には、小学校の便所の床に破壊された仏像の残骸が敷かれ、それを恐れて便所を使おうとしない子供の前で、教師自らが『手本』を示すこと

図１　神社仏閣の器物の破損（右，西村兼文解『京都府違式註違図解全』明治９年〈京都〉．左，木村信章註解『御布令違式註違図解』明治10年〈京都〉）

も行われた」。

この話を聞いた時に漠然と思ったことは、これが他の国であれば同じ事が起こりえただろうか、というものであった。これが日本と同じく、大乗仏教を信仰する諸国であれば、やはり同じ事態になっていただろうか。小乗仏教を信仰する国であれば、どうだろう。そして例えばイスラム教国であれば――イスラム教では偶像崇拝は強く戒められているが、仮に他の「手本」であったとしても――、「神を冒瀆《ぼうとく》する」ような行為は決して起こりえなかったような気がする……。筆者が当時感じたこのような違和感が、本書で紹介する研究の出発点になっているとも言える。

ともあれ、文明開化の時期に、日本人が西洋文明を比較的スムーズに受容できた要因は、何であったのか。そして「文明的」であるというのは、具体的にどのようなことを意味していたのであろうか。一方で、時代の変わり目、あるいは従来の価値観が急激に変化する際に、人はそんなに早く考えや行動を変えられるものであろうか。そして変えられない場合にはどうなるのか、変えられなかった人々はどうなったのか。

本書ではこのような疑問を考察する上で、その対象を、文明開化を率先して行った政治家、学者、ジャーナリストらではなく、できるだけ当時の市井《しせい》の人々に絞りたいと考えた。一般庶民の生活風俗全般を取り締まった法律である違式詿違条例を取り上げたのは、そういう理由である。

また筆者は、現在教鞭を執っている大学で北方文化論を講じ、文化人類学の立場から、文化変容に関する研究を行っている。後者については、近代以降から現代に至るまでの期間に関して、主に北海道における人々（アイヌを含む）およびロシアにおける各集団——ロシアの場合はソ連崩壊以降が対象であるが——を対象に研究している。そのため、本書で事例研究として「北海道における風俗統制とアイヌ」で取り上げたのは、北海道における違式詿違条例の施行とその影響であり、この条例がアイヌ文化の幾つかの要素に関しては一部施行されず、別枠で取り締まられた事例である。具体的には女性の文身《いれずみ》（入墨）等を取り上げたが、これらが行われていた理由、一方での取り締まられた理由――「文明的ではない」という理由以外のものも含めて――、そして次第に変わっていく文身に対する意識の変化をあわせて記した。

このような手法を取ったのは、アイヌ文化の変容過程を知るために必要な知識に、当時の日本文化（の変容過程）を知るという条件が付随しているからである。当然のことではあるが、両者の比較なしには、両者の間にどのような区別があったかということさえ――さらにはそこにどんな差別があったとしても――理解することは不可能である。

外国人（ここでは西洋人）のまなざしを受けて、文明化に狂奔した当時の世相の中で、都市や地方（村落部）、当時の庶民（和人）や北海道に住むアイヌたちは、どのようなせめぎあいを繰り返したのであろうか（「和人」「アイヌ」等の言葉の使い方については、「北海道における風俗統制とアイヌ」の章を参照されたい）。このような歴史を知ることは、現在の私たちの文化や社会を理解する上で、有効な資料を提供するであろう。

当時の日本人とその文化をどのようにとらえていたと考えられるのかを、簡単に記しておこう。

西洋人のまなざし

ここで文明開化において、「文明」の視点を提供した西洋人たちが、「文明開化とは何か」では、当時の外国人からおしなべて「悪名」が高かった、日本人の混浴や往来での裸の文化を取り上げた。後述するように、スイス領事を勤めていたR・リンダウは、「日本人はなぜ混浴を恥ずかしいと思わないのか」を論じる際に、「子どもは恥を知らない」として、非難するのではなく、日本文化が西洋とは「異質」なものであることを説明しようとした。それは日本人の風俗が退廃しているのでも、羞恥心が欠如しているわけでもない、と述べ、ルソーを引いて、羞恥心とは「社会制度」であり、「それは文明と共に発展するものである」と記した（R・リンダウ『スイス領事の見た幕末日本』）。

ルソーが言及されていることからもわかるように、当時日本を論じた西洋人によっては、日本が平和で美しい楽園になぞらえられたこともあった。曰く、全てが小さな美しい妖精の国のようだと。人々はそこで幸せそうな顔をして微笑んでいる。もちろんこのような感想は、日本を訪れる外国人がまだ少数で、未だ日本が彼らにとって精巧な工芸品以外にはほとんど知られていない、「神秘」の国であった時代に描かれた極端な理想像の一つに過ぎない。このような人々にとって西洋人は、純粋無垢な野蛮人に文明という知恵の果実のありかを囁いた蛇にも等しいかのごとく、文明開化によって破壊され、捨てられてしまった多くの文化財と「凡庸に変わってしまった」文化や社会変化（多少ともあれ明治維新の引き金となったこと）に対して、ある種の責任を論じる向きもあったようである。

　横山俊夫は、ヴィクトリア朝のイギリス論壇における日本論を対象に、「イギリスの知識人が一般にいだいていたと思われる日本像」に関する研究で、（特に定期刊行物の日本像に関する記述における）「日本を少ししか知らぬと同時に、一定の嗜好を持った読者層の要求という圧力」の存在を指摘している（横山俊夫「イギリスからみた日本の『開化』」）。当時の読者が知りたかった情報には、「イギリスの偉大さの源泉」を学ぶ年若い子ども「ヤング・ジャパン」に、「『文明』のモデルとして」規範を示すというようなものがあった。それは「ジャックと豆の木」等の「突然成長」のモチーフを含む民話に譬えられた、物質文化の急進ぶりだけではなかった。「物質的な進歩よりむしろ精神面の充実を重視する」「ヴィクトリア期の論壇の一般的な『文明』観」に則り、宗教・教育をはじめとする制度や「人々の生活」の変化が、議論の対象となったが、「宗教や哲学をほとんど、あるいは全く持たぬ国民」の模倣する「開化日本の折衷文化」に対する嫌悪感や嘲笑が表明された背景には、上記のような考え方が影響しているとも考えられる。

神仏分離、廃仏毀釈運動による「仏像破壊のすさまじさ」に対して、「過去の遺産への『恥しらずな』『蛮行』」が論じられたのもこの頃であるが、「日本が一切の伝統を捨て、とほうもなく危険な道を歩み出すのではないかという一般的な危惧」の中には、当時の社会主義の台頭と相まって、日本が社会主義化するのではないかという不安も含まれていた。

これに対し、より一般への影響が大きかったと考えられる紀行文では、古き良き日本を「オールド・ジャパン」に見立てて美化し、「自己の文明の醜悪さ」を開化日本に見いだして嫌悪する、という図式が存在していたと同論文は指摘している。

（前略）旅行者の多くは、旅立つ前に自ら日本に求めていたものを見出すのに熱心であった。彼らはすでに広まっていた開化日本への冷ややかな距離感を逆に西洋文明一般を憎悪するロマンチシズムにまで転化すると同時に、その「文明」のとどかぬ日本の農村にケンペル以来の楽園のイメージをさらに純化し神秘化するかたちで求めたのである。

本書で紹介する「オールド・ジャパン」像は風俗統制に関わる記述が中心であるため、「楽園」のイメージからはほど遠い。しかし、西洋諸国からの外国人旅行者たちが何を求め、何を見ようとしていたのか、そしてどんな意図でそれを取り上げたかを考えることは、「異文化理解」のあり方を考える上でも重要である。

ちなみに、このような日本像が英字新聞の日本関連記事の翻訳をはじめ、海外に派遣された遣欧使節や留学生を通じて情報化され、「明治初期の啓蒙家や自由民権家に陰に陽に意識されていた」という（横山同上書）。例えば岩倉使節団（明治四年～六年）は、スイスのベルンで元スイス使節団長エメ・アンベールの「歓待を受け」たが、その際には、アンベールが一八七〇年に著した書『図説日本』の内容に「謬誤《びゅうご》」が少なくないことを彼に指摘している（松田清「フランスからみた文明開化」）。

本書の構成

さて、文明開化に関する議論については、歴史学、社会学をはじめとする研究で多くのことが明らかにされている。本書で紹介した学説は、その一部に過ぎない。また現在では、近代風俗に関して生活史、メディア史など、多様な観点からの研究が盛んに行われている。

本書では文化人類学という立場から、明治初期の風俗統制を中心に、まずは文明開化のあり方を幾つかのパートに分けて考察する。「文明開化とは何か」では、文明開化を日本人が西洋文化を受容する一過程としてとらえ、当時の日本人が異文化をどのように理解し、変容させるに至ったのか、西洋人による文化批判を受けて、それに対しどのような「対策」を取ったのかということを具体的な事例から見ていく。この「対策」の中には、西洋人からの批判を受ける以前に、日本人自身が自己規制する際の判断基準のあり方も含まれるが、さらにはその規制が――男性の側から見て――、もう一方の他者である女性に対して向けられた場合の相違にも言及した。

次に「違式詿違条例」では、当時の風俗を統制した違式詿違条例の内容と実際の施行状況を考察する。特にこの条例の内容から、都市部と地方部に分類した上で、両者の間では、ある種の風俗に対して区別して施行せざるを得なかった事実を明らかにしている。特に三府五港の同条例の施行状況から、この風俗統制が外国人の批判を避けるために行われていたことを再度確認する。

「風俗統制の浸透」では、風俗統制に対して引き起こされた軋轢《あつれき》を、「血税一揆」を例にみる一方、風俗統制の浸透の過程を、一般への風俗統制に関する理解を助け、同時に強化する役割も担ったと考えられる庶民向けの新聞報道、あるいは違式詿違条例の図解本――

現在で言うならば、さしずめ「法令解説漫画」であろうか――を中心に、幾つかの項目に分けて検討している。

最後に「北海道における風俗統制とアイヌ」では、そのような風俗統制の事例の一つとして、北海道の事例を取り上げる。北海道には開港場である函館がある。函館と札幌・釧路でそれぞれ施行された違式詿違条例とを比較して、「風俗統制の浸透」で指摘した違式詿違条例の施行に関する相違が踏襲されているかどうかを確認した。さらにこの地域間の相違が当時の人々にどのように解釈されていたかについても、新聞記事を通じて検討した。もう一つの施行の事例として、北海道におけるアイヌという集団に対する風俗統制を取り上げて、比較した。女性が口辺や腕に文身を施す等の異文化を持つ人々に対し、違式詿違条例の施行はそれほど熱心に行われなかった節がある。しかし別枠での規制が、違式詿違条例と同様に「文明的」であるか否か、あるいは「保護」という観点等から行われた。一方、当時のアイヌ文化の中では、文身は「しなくてよい」という選択権はない「習俗」であったため、この規制に従ってやめるものはなかなかいなかったが、これも日本国内の他地域と同様に賦された、「陋習《ろうしゅう》洗除」「旧弊一洗」という理由を受けて、次第に変化していった。

複数の文明観（あるいは文化）が存在する時、ともすればそこには経済や軍事力の差によって序列が生じることがままある。そのような場合には、生産力の低い文化ほど、下位に位置付けられることになる。この差違に上下という価値観が生じる時、往々にしてそれは「遅れた」「野蛮」などの見方として現れる。その一方で、「汚れを知らぬ野蛮人」という転倒が、対峙する集団の精神面への「賛美」の形で表出する。この過程についても、西洋—日本—アイヌという——「入れ子」状となっている——図式に注意しながら読んでいただければと思う。

文明開化とは何か

文化現象としての文明開化

文明開化の「内容」——政策と文化伝承

「文明開化」という言葉を聞いて思い浮かぶのは何だろう。華やかなドレスに身を包んだ女性たちの踊る鹿鳴館《ろくめいかん》の夜会、断髪令の混乱後、慣れない「洋装」で町を闊歩《かっぽ》する男たち、あるいは、牛鍋に舌《した》鼓《つづみ》を打つ庶民の姿を真先に思い浮べる人もいるであろう。

殖産興業政策の一環として行われた勧業博覧会、和服姿の若い女性が整然と並んで働く製糸工場、赤レンガの西洋風建物を人力車や馬車が行きかう銀座の町並、新橋・横浜間の鉄道開通など、教科書で一度は見たことのある錦絵《にしきえ》や白黒写真を思い浮べる人もいるかもしれない。

よく知られているように、文明開化は外国（西洋諸国）との間に結ばれた不平等条約（治外法権撤廃と関税自主権回復）の改正を目的に行われたものである。そのためには、これらの国々と同等の文明国とならなければならない、あるいは日本が文明国であることを示さなければならない。文明開化とは、まずこの条約改正を目的に行われた、国家主導による一連の啓蒙的な文化政策ないし教育政策をさす言葉である。

ところで文明開化という言葉は、明治初期の造語の一つである。これは、英語の「文明化」を表すシビリゼーション（Civilization）を翻訳したものと考えられている。ただしこの語は、それが現れはじめた当時から、文字通り「文明化」のみを表していたわけではなかった。この点については、大久保利謙《としあき》による「『文明開化』の語義」の説明に明快に記されている（大久保利謙『明治の思想と文化』）。

この新熟語は、たちまち普及して、明治初頭の百事御一新《ごいっしん》的風潮のなかで、時代の進歩をあらわし、また、これを象徴する合言葉のようになった。さらに、流行語化した結果は厳密な意味でのシビリゼーションの訳語を離れて、この時期特有のひびき、あるいは当時の西洋風かぶれの空気をあらわすものとなった。今日われわれがこの言葉から受けとるものは、かかる流行語化した意味のものである。しばしば引用される「ざんぎり頭をたたいてみれば、文明開化の音がする」の当時の俗謡はもちろん、文明開化を表題とした通俗向けの多くの文献がこれを物語っている。このような雑駁《ざつぱく》な用例は、多少の諧謔《かいぎやく》をまじえつつ漠然と時代を謳歌し、古くからあるものを安易に旧弊とけなす卑近な俗語となっているが、その底にはやはり民衆が時代の前途に明るい期待をもっていたことを示すものがないでもない。かかるオプティミズムが文明開化の大きな特色であった。

このように、文明開化という言葉は、当時の文化現象、すなわち「明治初頭の百事御一新的風潮」の中の「時代の進歩」を表す流行語であり、そこには維新以前の事物を「旧弊」としてけなすニュアンスを持っていたという。

同書では文明開化を、①「時期的範疇」、②思想史上の「啓蒙思想」および「文明論」、③政府の政策としての「開明政策」（すなわち「文部省を中心とする新教育政策など」）、そしてそれに伴う④「新奇な生活文化」などを表す「世相」・「風俗」の四つに分けて論じている。本書では以上の説などを参考にして、文明開化を、諸外国との不平等条約改正を目的に行われた、（政府主導の）一連の啓蒙政策およびそれに関わる文化現象の双方を表すものとする。

文明開化の時期

次に文明開化（政策）が行われていた時期についてみてみよう。この文明開化期についても、文明開化の定義と同様、諸説がある。

まず、文明開化の目的であった条約改正という観点からみると、厳密には明治二十年代を含むことになる。諸外国との条約改正会議が開始されたのは、明治十九年（一八八六）であり、条約改正はさらに多くの年月を要した。たとえば日米修好通商条約に代わり、日米通商航海条約が結ばれたのは、明治二十七年（治外法権の撤廃と関税自主権の一部回復がなされた）であった。

しかし、明治二十年代までを文明開化期とする説は少ない。文明開化の時期については、概ね明治十六年頃までとするものが多い。これは、明治維新から鹿鳴館（の大舞踏会）に代表されるような行き過ぎた欧化政策に対し、国内での批判が高揚しはじめた時期であり、同時に自由民権運動の高まりとその運動への圧力が強められた時期でもある。

明治政府がとった自由民権運動の対応策の一つには、教育政策の転換を図ったことがあげられている。それは教育政策を、啓蒙政策から儒教主義へと方向転換するというものであった。

文明開化＝啓蒙政策とする観点からみれば、この政府の教育政策の方向転換も、文明開化の終焉《しゅうえん》の根拠となる。しかし、政府の教育政策が転換されたとはいっても、啓蒙的な教育が急に全て中止されたわけでもない。依然として、西洋的な「道理」（論理）は、科学などの実学を中心に、教育の場で説かれていた。このような状況を鑑みて、本書では従来の諸説を参考に、明治十年代までの期間をおおよその文明開化期と仮に定め、この時期になされた啓蒙的な政策とそれに関わる文化現象を対象に扱うこととする。

「近代的価値」の受容

文明開化と同じく「近代化」という言葉も多くの意味を包含し、さまざまに定義されているが、ここでは特に「非西洋諸国の近代化」を、「西洋近代からの文化伝播に始まる自国の文化のつくりかえの過程」とする考え方に基づいて文明開化をみてみよう（富永健一『日本の近代化と社会変動』）。

この富永健一による近代化論は、上述の「民衆のオプティミズム」が、近代化に果たした役割に気づかされるものがある。これは社会学理論（社会システム論）を応用して歴史（近代化）を論じたものであるが、本書の性質上、社会学の理論的説明は割愛し、同書における「西洋近代からの文化伝播」という意味を簡単に紹介しよう。

富永は、非西洋諸国の近代化における文化伝播を四つの領域――「経済」「政治」「社会」「文化」――に分類して検討した。四領域それぞれの近代化の指標として示したのは、経済領域における「産業化」の実現（科学技術の応用による技術発展、それに伴う生産力増大によってなされる市場形成と経済発展）、政治の「民主化」（封建的身分制から「平等な権利をもったすべての国民」による近代民主主義に依拠した政治システムと近代法システムの確立）、社会における「自由・平等の実現」（血縁・地縁社会時代の社会的拘束からの脱却、「平等な個人の自由な競争を」可能とする社会変動の推進）、そして文化における「合理主義」の実現（伝統や因習、迷信や呪術を「非合理的」とする考え方に基づいて、その拘束からの脱却を推進すること）であり、近代化の達成度はこれらの実現の度合いによって左右される、と定義した。換言すれば、「非西洋社会の近代化」の実現は、当該社会に、上記の諸条件に代表されるような「近代的価値」を受け入れる「伝播可能性」と「動機」が、どれほどあるかによって左右されるという。

さらに、その受け入れにともなって「引き起こされるコンフリクト（摩擦）」の度合いも、非西洋諸国の近代化のあり方に影響を及ぼすことが指摘されている。西洋の文化に対する拒絶感や受容する際の衝突が多ければ多いほど、文化伝播は達成されにくくなる。

このような観点から考えると、日本の近代化がいち早く東洋において達成された要因は、多数あげることができるように思われる。たとえば江戸時代から出島《でじま》などを通して日本に入ってきた、学問や文物に対する知識。黒船をはじめとして、当時の人々が目のあたりにした、西洋の圧倒的な科学力や軍事力とそれに伴う西洋列強による植民地化への危機感。さらに、福沢諭吉《ふくざわゆきち》による「天は人の上に人を造らず」という語に代表されるような（従来の身分制度を越えて生きる可能性を人々に示した）新しい時代への期待感など、さまざまな「条件」が「近代的価値観」の受容にプラスに転じたであろう。

このような異文化の受容に際して、通常は変化しにくいと考えられる宗教的価値観でさえも、当時の日本では非常に短期間に、文字通りひっくり返ってしまったかのようにもみえる。仏像をはじめとする多くの美術品等の宝物が遺失し（破壊され）、または大量に海外へ流出したために、明治政府はこれらの事物の保護に乗り出さざるを得なくなった。近代で最初の文化保護法ともいえる「古器旧物保存《こききゅうぶつほぞん》の布告」が公布されたのは、明治四年（一八七一）五月であった。

日本国内での近代化にともなう文化的衝突も、もちろん存在した。しかしそれは、急激な啓蒙策による反発という形で引き起こされたものであり、少なくとも「文明開化期」には――もちろん反発は皆無というわけでなく、後に紹介する「血税一揆《けつぜいいっき》」などの例もあるとはいえ――比較的小さかったといってよいであろう。

文明開化の音

急激な価値観の変化は、主に教育を通じた政府による開明策を通じて実現したばかりではない。当時のジャーナリズムも、開化、進歩を大いに鼓舞《こぶ》した。当時誕生したての新聞は文明開化の必要性とその「道理」を説いた。たとえば明治四年（一八七一）に創刊された『新聞雑誌』には、肉食の必要性が次のように述べられている（『新聞雑誌』一号、明治四年五月）。

外国人の説に、日本人は性質総て智巧なれども、根気甚《はなはだ》乏《とぼ》し、是《これ》肉食せざるに因《よ》れり、然《しか》れ雖《ども》老成の者、今俄《にわか》に肉食したればとて急に其験《しるし》あるにも非《あら》ず、小児の内より牛乳等を以て養ひ立てなば、自然根気を増し、身体も随《したがつ》て強健なるべしと。

食の変革が、健康のみならず精神の変革にも関係するというこの考え方は、その後の人種改変論（肉体的「優秀性」を獲得するために、西洋人と混血すべきであるという説）にもつながっていく。

当時の報道のもう一つのあり方は、旧来の事物や価値観を揶揄《やゆ》するかのような諧謔である。以下は「ざんぎり頭」の俗謡を報道した、同じく明治四年の記事である（『新聞雑誌』二号、明治四年五月）。

近日里俗《せけん》の歌に、半髪《はんぱつ》頭をたゝいてみれば、因循姑息《いんじゆんこそく》の音がする、惣髪《そうはつ》頭をたゝいてみれば、王政復古《おうせいふつこ》の音がする、ジヤンギリ頭をたたいてみれば、文明開化の音がする、と。因《よつ》て当時邦人の頭のかたちを数ふるに総て八つあり、半髪（小鬢《こびん》あるもの、小鬢をつるもの）惣髪（まげを結ふもの、まげを結はず、後に下げたるもの）ジヤンギリ（いがぐりにて髪短かきもの、なでつけにて髪長きもの）冠下《かんむりした》、坊主、又衣服の数、装束、狩衣《かりぎぬ》、直垂《ひたたれ》、鎧直垂《よろいひたたれ》、白丁《はくちよう》、上下《かみしも》、軍服、非常服、西洋服、羽織《はおり》袴、平服、被布《ひふ》、両羽織、医者の十得《じつとく》、袈裟衣《けさごろも》、腹カケ股引《ももひき》、トンビ、フランケット《ママ》、を着る者、又はきものの数、木履下駄《ぼくりげた》、雪駄《せつた》、草履《ぞうり》、麻裏《あさうら》、草靴《わらじ》、沓《くつ》、西洋沓、藁沓、右等の外にもよく考索せばまた数種あるべし。

これは当時の男性のスタイルを記したものであるが、和洋折衷《わようせつちゆう》のさまざまな様相であ

図2　未開の人，半開の人，開化の人（河鍋暁斎画『西洋道中膝栗毛』口絵，河鍋暁斎記念美術館所蔵）

図3　和洋折衷の服装（細木藤七編『挿画違式詿違条例全』明治11年〈東京〉）

ったことがわかる(「半髪」は丁髷《ちょんまげ》、「総髪」は新撰組《しんせんぐみ》の隊士の髪型を想像して欲しい)。また、このような記事のニュアンスも、「前時代的」な髷が、「因循姑息の音がする」という考え方を広めるのに寄与したと想像される。

「野蛮」からの脱出

外国人のまなざし

次の「文明開化の二重性」でも述べるが、明治維新以降、首都となった東京では、数度にわたって往来での裸体が禁止されている。たとえば明治四年（一八七一）十一月二十九日東京府達は次のようなものであった。

府下賤民共衣類不著《つけず》裸体にて稼方《かせぎがた》致し、或は湯屋《ゆや》へ出入候者も間々《まま》有之《これあり》、右は一般の風習にて御国人は左程相軽しめ不申候得共《もうさずそうらえども》、外国に於ては甚だ之を鄙《いや》しみ候より、銘々大なる恥辱と相心得、我《わ》が肌を顕《あらわ》し候事は一切無之由、然るに外国の御交際追々盛に相成り、府下の儀は別而《わけて》外国人の往来も繁く候処、右様見苦敷《みぐるしき》風習《ふうしゅう》此儘《このまま》差置《さしおき》候《そうらい》ては、御国体《こくたい》にも相拘《かかわ》り候に付、自今賤民たりとも、決して裸体不相成《あいならず》候条、稼方に付衣類を著し不便の者は、半纏《はんてん》又は股引腹掛の内相用ひ、全身を不顕様《あらわさぬよう》屹度《きっと》相慎《あいつつし》み可申、万一相背《まんいちあいそむき》候者有之に於ては、取締組にて差押へ可申《もうすべき》筈に候条、此旨《このむね》兼て相心得候様、小前末々無洩様《もらさぬよう》申諭者也。

ここには往来での裸体を禁止する理由が書かれている。「外国に於ては甚だ之を鄙《いやし》」むため、「大いなる恥辱」であり、東京府下では外国人も多いことから、「見苦敷風習此儘差置」は、国体にもかかわるというのである。

外国人による日本の風俗批判については次節で西洋の「裸体観」とともに具体的に記しているので、これ以上は触れない。しかし文明国たるべき風俗の改変が、明治政府の最重要課題の一つであったことは、このような法令を通しても広く国民に知らされていた。一方、「外国に於て」「外国人の説に」とあるように、その変革の「道理」は、彼らが体現する「文明」そのものにあった。

批判されるかもしれない――自己規制のあり方

さて、このような規制は外国人のまなざし――野蛮／文明という判断の――を意識したものであったが、日本国内で禁止された風俗にかかわる項目は、彼らによって批判されたもののみではなかった。外国人によって直接批判されていないものについても、「外国人が批判するであろうから」という理由で禁止されていく。あるいはまた外国人から批判的意見を聞いたことから、率先して禁止を提案する例もある。

次の例は、『東京日日《にちにち》新聞』に掲載された、歌舞伎の演目規制に関する記事である（『東京日日新聞』明治五年二月二十二日。傍線は筆者による）。

猿わか町三座大夫元及び作者三名を府庁へおん呼出しに相成、このごろ貴人及び外国人と追々《おいおい》見物に相成候に付ては淫ぽんの媒《なかだち》となり、親子相対して見るに忍びざると《ママ》の事を禁じ、全く教への一端とも成るべきすぢを取仕くみ可申《べくもうす》やう、おん諭しありたる由。

評者曰、凡《およそ》眼に入るものは心の奮ぱつする処にて、喜怒哀楽の情も心眼にいるより生ずれば、演技の如き眼を悦《よろこば》しめ、之を楽しむの具と雖《いえど》も、其意教を主旨とし、遊虚の事は、わらふべきしやらくの事に止まりて可なるべき也、しかるを往々淫情の甚きを演ず、もし父子同観せば、袖を以て顔を覆ふより外なし、又外国人より見れば、これを以て風俗国風をなし、人心一体の好むところならんと卑めらるるも免れ難し、誠に識者のなげく処なりしに、今此御諭旨ありしは、戯場の野習《やしゅう》も変じて文明に進ましむると云べし。

規制された演目は、親子で見ることにたえられない程の「淫奔」な内容のもので、これもやはり「貴人および外国人と」が、次第に「見物」するようになったためであるという。外国人が、芝居の内容を（虚構ではなく）風俗国風（国の風習）を表していると考え、そのような（下品な）ものを日本人が好むと「卑《いやし》め」られることを免れられなくなる、というのである。これは東京府によって行われた規制であるが、次の例は同じく明治五年（一八七二）になされた禁令の提案である（『新聞雑誌』三四号、明治五年三月）。

或洋人《あるようじん》の話に、日本にては近頃裸体にて街上を往来するを禁じ、又無蓋《むがい》の糞桶《くそおけ》を運搬するを制せしことなど、従来穢《けが》らはしき風習も追々改正に趣しが、未だ一弊風《へいふう》の除かざるあり。何頃《いつごろ》より始まりしにや、茶屋遊女屋、船宿、待合《まちあい》、其外客商売の家には、金精明神《こんせいみょうじん》と称へ、大なる陰茎を神棚に上げ、燈明《とうみょう》を点《とも》し榊などを具して之を祭れり。無礼と云ひ失体と云ひ実に無恥の風、正視するに堪ざるなり。又之に反して街道にて両便所、衆観場などには必ず天照大神《あまてらすおおみかみ》の木札を掛く、冠履倒置《かんりとうち》の神を瀆《けが》し俗を乱る亦《また》甚しからずや。是等の汚習は万国中絶て之なき事にて、まして当府下は輦轂《れんこく》の下なれば厳しく禁令ありたきことなり云々。

往来での裸体や、蓋なしの肥桶《こえおけ》の運搬の規制は次第に改正されてきたものの、未だ除かれない「一弊風」があると指摘されたのが、リンガ（男根型石柱）であるという。一方神道における主神（かつ皇室の祖神）の一柱である、天照大神の木札を、街道の便所や衆観場（芝居小屋等のことであろうか）に貼ることは、冒瀆であると批判する。このような「汚習」は世界中見てもないことであり――ただしリンガについては例えばヒンドゥー教のシヴァ神の象徴としても祀られる――、東京は輦轂の下（皇居のある土地）なので、厳しく禁止するべきだとしている。

ちなみに天照大神の札を、従来貼られていた便所などの場所に貼ることが「冒瀆」であるとする根拠は、神道が国教化されたことと無縁ではないであろう。

女性へのまなざし

当時の社会は現在よりも男性を中心とする社会であった。この一方からもう一方の他者（女性）に対するまなざしはどのようなものであったろうか。

以下は男性の断髪令《だんぱつれい》後に女子の散髪が流行したことに対する批判である（『日要《にちよう》新聞』八号、明治五年二月。ルビは新聞記事上に記されていたものである）。

或人曰、半髪は中古の風習にて、清《しん》人を除《のぞく》の他各国人に嘗《かつ》て無き卑賤の風姿なれば、先年来貴賤となく、或は兀天頭《はげあたま》の如きも漸々《ようよう》髪を蓄へ、今日に逮《およ》んでは士は素《もと》より平民に至り、十二《ママ》（ニヵ）三四は散髪せり、是虚飾を省き簡易に就《つ》くの理なれば、数年を待たず我男子たる人は悉《ことごと》く散髪となるべし、然れども一の甚きは頃日《けいじつ》叨《みだり》りに婦女子の散髪せるあり、世間無益の贅沢《ぜいたく》こそ悪けれ、人情皆髪の長きを貴ぶ、又外国に於ても婦女は衣髪ともに自ら飾れるの制度あつて、既に諸人の親目《したしくもく》する処の如し、彼の邦人も我婦女子のざんぎりを観ては大に嘲《わら》へる由なり、尤《もっとも》多くは煎茶店《かけちゃや》等の給仕女にて、啻《つと》に奇を好むのみならず、書生《しょせい》兵員儕《とも》の寵恋を計るか、或は自負《うぬぼれ》の強き不従教輩《おてんばむすめ》の所為《しょい》なれば実に笑止の甚きなり、速く異風を改め、人に相応の容《すがた》を為《し》て一婦もかゝる至愚《いきすぎ》なきやう有たし、是十手の指す所にして、これらの多きは官《おかみ》にも御嘆息《おこまり》の由と云々。

「人情」は「皆髪長きを貴ぶ」、「外国に於ても婦女は衣髪ともに自ら飾れるの制度」を親しく目にしている。日本国内においても外国の尺度においても、髪を切ることは恥ずかしいと説明する。髪を切った女性を「奇を好む」「自負《うぬぼれ》の強き不従教輩《おてんばむすめ》」「至愚《いきすぎ》」とする表現からは、当時の（男性の持っていた）女性観がうかがい知れるように思われる。この記事では、女性の断髪に対して「速く異風を改め、人に相応の容《すがた》」となるべきである、あるいはこのようなことは、人々、すなわち他人から後ろ指をさされる所業である、と説明している。

以上、外国人からの批判を受けて禁止されたもの、外国人から非難されるであろうからとの予想のもと行なった自己規制、そして自らの文化観（ここでは「女性は長髪であるべきである」という）の三つに分類して、文明開化の風俗統制の一部とそれが行われた理由を例示した。筆者には「～が批判するから」「批判されるかもしれないから」あるいは「他人に笑われるから」という律し方に、日本人の行動様式の特徴が見えるようにも思われる。そしてこれは、現在でも我々の生活のさまざまな場面で見かけるものではないであろうか。

文明開化の二重性

これまで見てきたように、文明開化期に禁止すべき対象としてあげられた従来の風俗には、世界（西洋）の基準に照らして遅れている（野蛮／未開）とされたものに加え、日本人自らの判断による自己規制がある。後者は、前者の基準から批判されるであろう、といわば先回り的に行われたものもあれば、日本人本来の文化観に照らして判断されたと考えられるものもある。

「合理性」への信奉

これらの禁止にはやめなければならない理由が付されているが、文明開化期における文化変容が、「道理」すなわち合理的である（とされた）事物に対する人々の信奉に裏打ちされていたことは、これまでのさまざまな事例からも窺い知ることができよう。

しかしそれさえも、不変のものではあり得なかった。このような「道理」は、文明開化期の十数年の間に、変化することさえもあった。いささか脱線するが、以下では「道理」が全く変わってしまった例を、前節でも記した女性の断髪を例にみてみよう。

「道理」の変容

女性の断髪は、明治五年（一八七二）頃「非常に流行」したため、同年の四月には、明治政府によって禁止されている（渋沢敬三編『明治文化史』十二）。

しかし明治十六年頃には、「日常生活の欧化」が盛んに唱えられるようになり、女性の髪型改良もその対象となった。今度は日本髪を結うことを、やめることが提唱されるのである。その代表的な例では、明治十八年に「一等軍医」渡辺鼎らにより結成された、婦人束髪《そくはつ》会がある。同会では、日本髪に代わる髪型として、束髪の普及につとめた。現在でも行われている三つ編や夜会《やかい》巻はこの頃紹介されたもので、その後、束髪は国内で大流行したという（小木《おぎ》新造他編『日本近代思想大系』二十三）。

さて、婦人束髪会による主張をみてみると、『束髪案内』（明治二十年発行）には、当時結われていた丸髷《まるまげ》、島田《しまだ》髷などさまざまな女性の結髪が、「大概究屈《おおかたきゅうくつ》不便にして風俗文化の進歩に大害《じゃまになる》あるものなり」と記し、その風俗文化の進歩を阻害する理由が付されている。

それは「我邦女子結髪《わがくにおんなのかみゆい》の様《かた》」が、「不便究屈にして苦痛に堪ゑざること」「不潔汚穢《おわい》にして衛生上に害あること」「不経済にして且《かつ》交際上に妨《さまたげ》あること」の三点であるという。

第二点の「衛生上の害」については、結髪する際に用いる鬢付油《びんつけあぶら》のために、洗髪には半日を労し、これを怠ると皮膚病を生じやすいばかりでなく、（第一点の理由である）きつく締めるため頭痛を生じるものが多いなどと説明している。

驚くのは第三点の「不経済」である根拠である。日本全国で女性の結髪に費やされる総額を概算し、それを無駄であると断じたのである。紹介すると、一月平均六回の結髪を、全国平均四回として、髪結に関る料金（鬢付油料金等を含む）が、一年で総額「実に千二百十七万八百四十五円の多きに達するを見る可し」としている（小木他編前掲書）。

このような理由（「道理」）がどれほどの説得力を持っていたかは定かではない。しかし、明治三十年代には、都市部ばかりではなく村落部においても、束髪の流行が見られるようになったという。ちなみに束髪の流行については、日本髪に比べて束髪の方が、扱いが簡便であったことが理由としてあげられている。

一方で男性の場合には、先に記したように、当初から断髪が奨励されており、その根拠として、「断髪は頭脳を保護する」などの理由が付されていた。

また、簡便という観点から考えると、男性の結髪も手のかかるものであったようである。「月代《さかやき》がのびると（略）つまり三日に一度ぐらいは剃ってもらわぬと病人らしくみえた」といい、特に都市部では男性は丁髷《ちょんまげ》の手入れに、ある程度の時間と金銭を費やしていたという（渋沢編前掲書）。

近代以降の生活様式の変化の中には、時間の「管理」も含まれる。多くの時間を費やす結髪は、男女ともに次第に廃《すた》れていった。このように、髪型というどちらかというと個人の嗜好《しこう》に関わるものにまで、さまざまな「道理」、合理的な理由――現在からみて首を傾げるようなものもあるものの――が国民に示され、変化するに至ったのであった。

さまざまな「二重性」

上述の断髪の禁止から束髪推奨への移行は、文明開化期においても、明治初期と明治十年代後半では（現在から見れば）その主張が異なっているものもあるという事例である。繰り返しになるが、提示された理由は、第一には外国人のまなざしにあった。そのような価値観を受容した上で、次にさらなる「合理性」を日本人自らが追求して、従来の文化をあらたに規制（変革）しようとする事例もみられた。

ところで文明開化研究では、文明開化におけるさまざまな「二重性」が指摘されてきた。

そのような二重性としては、文明開化政策が民衆の啓蒙を標榜《ひょうぼう》しつつも、「上からの文化政策」にすぎない「啓蒙専制主義」であったという評価や、文明の恩恵に浴したのは都市部のみで、文明開化は都市部中心の文化現象にすぎず、地方への波及は新聞や雑誌、あるいは錦絵を通じて持ち込まれる情報という形で伝播したことから、「都市と地方」では大きな相違があることなど、さまざまなものがある。

この点については、文明開化に関する多くの文献に目を通して、理解を得てもらうとして、本書で「二重性」という言葉を用いるとすれば、その現象は、文明開化によって文化が変容する要因、すなわち外国人のまなざしと日本人自身による自己規制であろう。それは「野蛮」や「未開」という概念を指標とするそれぞれの文化観である。

すでに当時の風俗規制について、裸体や断髪などの事例を示した。特に断髪については、西洋人―日本人という構図以外にも、男性―女性という構図が含まれている。それはまるで入《い》れ子《こ》の箱のように、幾重にもわたる観点から構成されている。この点について、日本人の裸体の文化を例に、外国人（西洋人）のまなざしを通じた「野蛮」「未開」の観点を、もう少し詳しく検討してみよう。

図4　下田の公衆浴場（*Narrative of Expedition of an American Squadron to the China seas and Japan* Vol. 1）

西洋における文化批判

幕末から明治維新を経て以降、日本には多くの外国人が訪れるようになる。日本との条約締結を求めたアメリカやヨーロッパ諸国の人々、十九世紀の空前の旅行ブームを背景に未知の国の探検記を著した、男女の旅行家たち、宣教師、御雇い外国人など実にさまざまな人々が、未知の日本人とその文化にふれ、論じている。

一八五六年にアメリカ合衆国海軍省から出版されたペリー来航の際の記録には、有名な「下田《しもだ》の公衆浴場」の図がある。これは「裸体をも頓着せずに男女混浴」している光景を紹介した箇所で、混浴が「日本中到る所に見る習慣ではないかも知れない」

としながらも、「ある階級」すなわち「日本の下層民は、大抵の東洋諸国民よりも道義が優れているにもかかわらず、疑いもなく淫蕩な人民」と記されている。「その淫蕩性は実に嫌になるほど露骨であるばかりでなく、不名誉にも汚れた堕落を現すもの」と断じている（『ペリー日本遠征記図譜』より引用）。

このように『ペリー日本遠征記』では、庶民の混浴を「堕落」または道徳性の欠如と判断した。これが『東洋紀行』を記したG・クライトナーによる考察では、「公衆道徳の欠如」として考える。彼は公衆道徳を「文化の発展の基礎」と位置付けた上で、混浴が文化的「飛躍」の阻害要因である慣習として根絶すべきであると論じている（G・クライトナー『東洋紀行』一）。

政府が次の世代に備えて、時代にマッチした教育を施すためのあらゆる材料を準備しておくことに努めていることは、手に取るようにわかる。しかし、真の飛躍を阻む民族的慣習を根絶することを政府は怠っている。文化の発展の基礎は、公衆道徳にある。しかし、日本人には公衆道徳がまったく欠如している。この面での日本人の考え方は、ヨーロッパ人のそれとはまったくかけ離れている。ヨーロッパ人たるわたしは、一挙手一投足ごとに、ヨーロッパ人の風俗や習慣の概念とはまったく相容れない場面に出くわすのである。

東京だけに話を限定しても、夜ともなれば、男の大部分はある広大な街区に出かける。その街区ではどの家も、通りに向かっては木の柵で仕切ってあるだけである。柵の奥にはそれぞれ五〜一〇人の娘がいて、けばけばしい着物で飾り立て、一片の羞恥心さえもあるとは思えない程に平然と落ち着きはらって、通行人たちの目に身をさらしている。どんな町の路地、どんな小さな村にも共同浴場があり、そこでは、日本人は男女の区別なく、ひとつの浴室に集まる。

ほかの文脈においては、日本人に対しおおむね「好意的」な評価を下しているこれらの外国人の意見を覆《くつがえ》してしまうほど、混浴は西洋人にとって衝撃的な「趣味慣習」であった。その理由については後述するとして、往来での裸（ないしは往来から裸体が丸見えの状態であること）は、混浴とともに彼らによって批判されていた。

「スイス領事」の意見

元治《げんじ》元年（一八六四）、『日本周遊旅行』を著したR・リンダウは、同年スイスの駐日領事の代表権を得て、三度目の来日を果たした。一八五九年スイスの時計組合が派遣したスイス通商調査派遣隊の隊長として、市場調査と幕府との交渉を目的にはじめて日本に足を踏み入れ、文久《ぶんきゅう》元年（一八六一）の再来日の際、日本国内旅行を敢行した。以下はその時の模様を綴った旅行記の一部である。

彼は日本の家を清潔で手入れが行き届いていると記した上で、日本人の「恥ずかしい行為」について次のように主張する（ルドルフ・リンダウ『スイス領事の見た幕末日本』）。

通常一階は、住んでいる人が寝る時間となり、頑丈で幅の広い、堅い木の板戸で閉められる時まで、開け放たれている。夏には、一目で家の中で起こることが見られてしまう。冬でも、一寸好奇心があれば、住人の生活様式を細かく確かめることは難しいことではない。日本人は野外で生活しているも同じである。（略）多くの旅行者達は、この点において日本人は限度をあまりにも越えすぎてしまっているとさえ主張している。だが思うに、そのことを非難するのを急ぎすぎてはいないだろうか。風俗の退廃と羞恥心の欠如との間には、大きな違いがある。子供は恥を知らない。だからといって恥知らずではない。羞恥心とは、ルソーが正当にも言っているように、『社会制度』なのである。それは文明と共に発展するものである。それぞれの風土、それぞれの時代が、この感情の表出に、影響を及ぼしているのであるが、そのことは旅行者や歴史家がこれまで確認してきている。フランス人の羞恥心は、回教徒《かいきょうと》の羞恥心とは別物であるだけでなく、今日のわれわれの羞恥心も、われわれの祖先の羞恥心とは多くの点で異なっている。各々の人種はその道徳教育において、そしてその習慣において、自分達の礼儀に適っている、あるいはそうではないと思われることで、規律を作ってきているのである。率直に言って、自分の祖国において、自分がその中で育てられて来た社会的約束を何一つ犯していない個人を、恥知らず者呼ばわりすべきではなかろう。この上なく繊細で厳格な日本人でも、人の通る玄関先で娘さんが行水をしているのを見ても、不快には思わない。風呂に入るために銭湯に集まるどんな年齢の男も女も、恥ずかしい行為をしているとはいまだ思ったことがないのである。

この点についてリンダウは「大変育ちの良いある日本人と、日本人の奇妙な習慣について」話あったことがあったが、その日本人（男性）は、「ヨーロッパ人の憤激」と「ためらい」を「何一つ全く理解できなかった」と言う。

「そうですね、私は風呂で裸の御婦人に気付いたとしても、目をそらすことはしませんよ。そうすることに、何か悪いことでもあるものですか」と彼は答えたのだ。私は彼から他の返答を引き出すことは出来なかった。私には、あまりにも違った見解から出発しているので、同じ結論に達することはないということが証明されたのであった。

リンダウはこのように、日本人との見解の相違を文明の発展度の問題に帰している（子どもやルソーを引いて、羞恥心の欠如を未開人の特徴としている点は、『ペリー遠征記』の解釈とは明らかに異なる）。リンダウに答えた日本人の言は、後に紹介する説との関連の上でも興味深い。

しかしこれが路上での裸となると、その見解はさらに厳しいものになる。

女性旅行家の観察

一八八〇年（明治十三）に『日本奥地紀行』の初版本を上梓《じょうし》したイザベラ・バードは、すでにアメリカ、ハワイなどへの旅行記を数冊出版し、英国で知られた女性旅行家であった。最初に来日したのは明治十一年（一八七八）、彼女が四十七歳の時である。農村の模様として、文明開化の流れから取り残された貧しい人々の姿形を、バードは随所で記した。

村人たちは仕事から帰ってくると、渡し板に腰を下し、泥だらけの着物を脱ぎ、それをすすぎ、足を流れで洗う。両側には農家があり、その前にはだいぶ腐った堆肥《たいひ》の山がある。女の人たちはそれを崩して、その裸足で踏みながらそれをどろどろにする作業に従事していた。仕事中はみな胴着とズボンをつけているが、家にいるときは短い下スカートをつけているだけである。何人かりっぱな家のお母さん方が、この服装だけで少しも恥ずかしいとも思わずに、道路を横ぎり他の家を訪問している姿を私は見た。幼い子どもたちは、首から紐でお守り袋をかけたままの裸姿である。彼らの身体や着物、家屋には害虫がたかっている。独立勤勉の人たちに対して汚くてむさくるしいという言葉を用いてよいものならば、彼らはまさにそれである（イザベラ・バード『日本奥地紀行』）。

バードの従者兼通訳の青年、伊藤は「こんな所が日本にあるとは思わなかった」、「この村のことや女の人たちの服装のことを横浜の人たちに話しても信じてはくれぬだろう」そして「こんな場所を外国人に見せるのは恥ずかしい」といったという。

バードはそれまでも、「夜になり、家を閉めてから、引き戸をかくしている縄や藤の長い暖簾《のれん》の間から見える一家団欒の中にかこまれてマロ（ふんどし）だけしかつけていない父親が、その醜《みにく》いが優しい顔をおとなしそうな赤ん坊の上に寄せている姿」や、母親の「しばしば肩から着物を落した姿で、着物をつけていない二人の子どもを両腕に抱いている」光景を垣間見ている。

彼女は、人力車の車夫《しゃふ》たちが、かじ棒に青と白の手拭いを下げており、これが「やせた褐色の肉体からどんどん流れ出る汗を拭うためのもの」で、時には「笠とマロ（ふんどし）だけしか身につけない男たちがばか丁寧に挨拶するのを見るのは、実におもしろい」と記し、「労働者にとって和服が不便であるというのが一つの原因となって、彼らは着物を着ないという一般的習慣ができたのであろう」と述べた。その観察眼は、日本の湿潤な気候や衣類の性質をよく見極めている。それと同時に、男女の往来での裸体は、彼女にとってもやはり旅行記に特記するに値する日本の風俗であったのであろう。

以上、当時の日本の文明度に関する外国人による批判としていくつかの事例を紹介した。このような外国人の感想や意見は、他にもさまざまな本で紹介されており（鳥海靖『動きだした近代日本―外国人の開化見聞』など）、また旅行記や日本滞在記でもその文化の「相違」に多くの紙幅が費やされている。それはとりもなおさず、未知の異文化に対するそれぞれの感想が、西洋人自身の文化観をよく反映していることを意味している。

ところでこの批判の内容はともかくとして、それはどのような経緯を経て導き出された判断なのであろうか。実は日本での体験を記した外国人の書の多くが、混浴を批判しないまでも、必ずといってよいほど混浴の様子を「見学」したことを記している。

フランス人の「正直」な感想

その中で、日仏修好通商条約全権団に随行したM・ド＝モージュ侯爵の手記は、「風呂好きの日本人」を次のように評した（「日仏修好通商条約全権団随行員の日本観」『フランス人の幕末維新』）。

どの階層の日本人も大の風呂好きだ。熱い風呂は国民的習俗の一部をなしている。血行をよくし、四肢を休めるには睡眠よりも風呂がいいと日本人はいう。（中略）

夏のあいだ路上でも行水が行われ、婦人も戸口の前で健康によい行水に堂々と浸るそうだ。冬の小寒が身にしみはじめるころになると、戸外でのこうした生活に終止符が打たれ、わが全権一行はこの旅の思い出を奪われることになった。

「見る」という行為の違い

モージュの例は「見えてしまった」例であるが、このような際の外国人の「無作法な」視線を、日本人が嫌っていることに気付いたモースのような御雇い外国人もいる。彼は、多くの日本人男性が、そのような光景を見ようとしないことを記している（モース『日本その日その日』）。

一方、先に紹介したイザベラ・バードは、青森の下中野では、「たいへん熱い温泉」を見学している（バード前掲書）。

私は車夫の行くままに浴場に行ったが、一度中に入ると、出るときは反対側からで、そのときは後ろから人びとに押された。しかし入湯者は親切にも、私のような不本意な侵入を気にとめなかった。

この温泉も混浴であったが、バードは「英国のクラブやパブ（酒場）の場合と同じ」く、「大衆の浴場は世論が形づくられるところ」であり、「女性がいるために治安上危険な結果に陥らずにすむ」という説を紹介している。それと同時に、政府が「最善をつくして混浴をやめさせようとしている」ため、「社会改革の波が押しよせてくるのは、時間がかかるであろうが、遅かれ早かれ、やってくることはまちがいない」と記すことも忘れていない。

バードは、また東京で「一つの名所」を見学したことを記している。火葬場である。バードのほかにも御雇い外国人のモース、グリフィスらが当時東京にあった火葬場を見学したという（鳥海前掲書）。明治の初期、まだまだ珍しかった外国人に対し、これらの場所が名所として見学に供されていたかどうかはわからないが、少なくとも彼らにとって見るに値する／見たい場所が混浴であったということはできそうである。

ところで当時の公衆浴場は、昼でも薄暗く、「人の悪口を云つて、その人が隅の方にゐたなどと云ふ失敗はしばしば繰返された」ほどであったという（正岡容《いるる》『明治東京風俗語事典』）。しかも多くの銭湯が蒸気浴であった中で、銭湯の様子を記した外国人は、わざわざ足を運びしっかりと中の様子を見たのであろう。その視線は、見えるというものとは、とうてい質が異なるものであったと思われる。

当時の外国人たちは、長崎、神戸、横浜、新潟、函館の開港場や開市されていた東京、大阪、京都の大都市のほかに、富士山や箱根あるいは琵琶湖や日光などの場所へ赴き、風光明媚《めいび》な景観を満喫している。また浅草や日光、鎌倉などを訪れ、「異教徒」の宗教施設を見学した。さらに他にも、遊郭《ゆうかく》、学校（極端な例では精神病院）、北海道とその地に住むアイヌというような、当時の人々にとって「珍しい」生活（風習）も、彼らにとっての絶好の観察の対象となっていた。

西洋と日本文化が出会い、「未開」「野蛮」という文明度に関わる批判が西洋からなされた時、それに対する日本人の側の対応はどのようなものであったのか。それを理解するために、西洋と日本の「裸の文化」の相違を、次にH・P・デュルの『裸の体とはじらいの文化誌』に依って説明しよう。

西洋における「裸の文化」

『裸体とはじらいの文化史』を著したH・P・デュルは、「啓蒙主義以来、われわれの文化領域で主流となっている文明化理論の主張するところ」を批判的にこう紹介する（傍点は筆者による）。

中世人や最近の「未開」社会の人びとは、われわれ今日のヨーロッパ人と比べて、その衝動や情動があまり制約されたり、制御されたりしておらず、衝動の断念は重要でなく、感情を抑えるのはわりと取るに足らないことであった、と。

大人に対しては子供より一段と大きな抑制を要求しない。だから中世末期の市民や、文明化の低い段階をまだ脱していない「未開」社会の成員は、今日のわれわれには当然のことながら無邪気で、とらわれることなく、単純で、粗野で、素朴に見える、というようなことが言われている。そして、裸体、性、排泄、身体から発する音、体臭等々は、そのような人びとの間ではわれわれより大っぴらであり、羞恥心がずっと少なかった、とされるのである。

デュルはこの人間の「動物性」を抑制しようとする西洋の「文明化運動」が、植民地主義と不可分に結びついていることを、エリアスの『文明化の過程』の一語をひいて確認している。「西洋的な行動基準への流れに沿って始まったばかりの東洋人やアフリカ人の改造は、この文明化運動の、われわれが見ることのできる最後の放流である」。「未開社会」ないし「伝統的文化」に身を置くとされた人々に制約が少なく、現代のわれわれが規則と規定に「がんじがらめにされている」という説の疑わしさを明らかにすることが、同書の目的の一つであるが、その証明として西洋で裸（入浴も含む）がどのように扱われてきたかを、恂恂と述べる。遠くギリシアに遡って――当然中世においても――、西洋の文化では裸は恥ずかしい、隠されるべきものであり続けたと主張する。詳しくは同書を参照してもらうとして、そうであるならば、キリスト教以前からの西洋文化での裸体の扱いには、これを忌避する傾向があったということになる。それればかりかヨーロッパで公衆浴場が始まった十二世紀、「常に主張されて」いるように、混浴であったことは「まだ文献によって実証されていない」。さらに一三六一年における中世ドイツの一都市の「浴場主文書」には、「ズボン下だけの恰好」で捕えられた者（風呂屋の主人や下男）に対する罪則規定がある。その理由は、「一般に公衆の面前で『あらわな腿《もも》』とか『むきだしの脚』を見せるのは、実に無作法と見なされたからである」という。

これは同書で示されている、膨大な事例の中のほんの一例にすぎないが、後に日本で施行された違式詿違《いしきかいい》条例《じょうれい》を彷彿《ほうふつ》とさせる。実際、デュルは日本人の混浴との関わりから、同条例についても言及している。

日本人の「裸体の文化」

さて、彼は「日本文化においては、今世紀に入っても羞恥心もなく裸になった」と「何百もの旅行記」が明らかにしていることをあげて、次いでそれが「礼儀正しい不注意」に支えられていたと説明する。「彼らは自分の隣で入浴する者の裸を『見る』ことはなかった」、「『見れ』ども心に留めずなのである」。

「世紀の変わり目ごろ娘だった日本の老婦人」が混浴について彼に話したのは、以下のようなものであったという。

> 「浴場の雰囲気はのびのびしたものとは程遠く、ことに娘や婦人たちもたいてい非常に緊張していました。私たちは男性に『見詰め』られるのを恐れていたのです。（中略）なるほど女性の浴客を直接じろじろ見る勇気のある男性はほとんどいませんでした。そんなことをすれば、すっかり面目を失ったからです。でも男性はよく横目使いに見ていたのでしょう。アメリカ人がビーバーショット、ピンクショットと呼ぶ、女性のぎこちない動きであらわになった恥毛や陰門への一瞥《いちべつ》で、彼らは盗み見ようとしたのです」。

「理解できない」という前提

一方は「見ない振り」をし、一方が「間接的なまなざし」がわからない振りをする。大半の外国人が、あたかも無かったような「振り」をすることを可能とする「見えないついたてで（裸体が・筆者補足）囲まれていたことを見抜けなかった」ために、風呂屋には「西洋人の目にも見えるついたてを取り付けよ」との指示が再三にわたってなされたと、デュルは説明する。

「常に主張されてきた日本人の裸体に対する無邪気さ」の「神話」は、「日本人が原始的で文明化されていない点を示すこと」に関心をもつ、「植民地主義者」らによって主張されたものであるとデュルはいう。一方で「日本人が自国の礼儀作法の掟をほとんどの異国人が理解できないとの前提」に立っていたことは、「彼らの地位がいまだに立派な野蛮人であることを確証する結果となった」と説く。「裸をタブーとしなかった日本人の『自然への近さ』が外国で話題となった時、日本人は異国人に伝統的な日本のエチケットを説明しようとはせず、自国の近代的『西洋的』立法を指し示した」。その立法こそが次に述べる違式詿違条例であった。

違式註違条例

都市の統制

軽犯罪法の起源

違式詿違《いしきかいい》条例は、現代の軽犯罪法の起源であるといわれている。文明開化に反すると当時考えられていた風俗をはじめ、交通・衛生・経済活動その他、当時の人々の生活全般に関わる規制が同条例によって行われた。その目的は日本国内の「旧弊《きゅうへい》」・「陋習《ろうしゅう》」を「一洗」することにあったとされている。

同条例は、まず明治五年（一八七二）東京府下違式詿違条例（明治五年十一月八日達。全五十四条）として公布された。さらに翌明治六年には、全国での施行を促すことを目的に、各地方違式詿違条例が太政官布告《だじょうかんふこく》として公布された（明治六年七月十九日布告。全九十条）。同条例はその後、明治十四年に違警罪が施行（明治十三年公布）されるまでの間、漸次《ぜんじ》各府県で取り入れられるに至る。

「旧弊」あるいは「陋習」とされ、同条例が規制した風俗には、当然のことながら外国人の批判に晒《さら》されていた内容も多い。同条例には文明開化、すなわち国内の「文明国」化を果たす役割も課せられていたのである。

この「違式詿違条例」ではまず近代の風俗統制のあり方を明治維新後の混乱期から同条例が公布される状況から見ていくことから始める。

東京府での取り締まり

国内で最初に違式詿違条例が達せられた東京の事例から、その風俗規制の状況を見てみよう。幕末から明治初年にかけて、江戸の治安状態は混乱状態が続いていた。維新以降の警察制度は、旧旗本・諸大名の兵を起用（明治元年八月～明治四年十一月）、邏卒《らそつ》制度の採用（明治四年）、番人（自治体警察　明治五年～明治六年のみ）制度など試行錯誤を経た。

明治二年（一八六九）東京府での「市中取締規則」では、風俗統制はまだ見られず、全八条のうち外国人の安全を図るための取り締まり事項が含まれている。

明治元年から明治五年十月までに東京府で達せられた布令のうち、特に風俗を規制したものには「悪習五条の禁」がある。そこでは、「一、裸体などで往来に出ること、二、男女入込洗湯（男女混浴）、三、春画《しゅんが》売買、四、陰茎模型売買、五、入墨《いれずみ》を悪習として」禁じた（坂巻智美「東京違式詿違条例の創定過程について」）。この規制は後に東京府下違式詿違条例に包摂されるが、同条例の規制項目は「東京府であれば半分程度は江戸時代に出されていた諸規則や町触などが踏襲されて」いるという（坂巻「同上論文」）。

東京府の条例では、市中取り締まりには未だ風俗規制は含まれていなかったが、地方では――全てではないが――市中取り締まりや邏卒規則に、これらの風俗に関する規制項目がみられる。次に地方都市における風俗規制の事例として、札幌と函館の例を検討する。

市中取締規則と羅卒心得規則

札幌での市中取締規則は、明治五年（一八七二）七月に達せられた。第一条から九条まであり、主に衛生・交通・風俗が規制の対象となっている。第六条で往来での裸禁止を課しているほか、街中での花火、酔った上での放歌・暴行を禁止した（資料1）。これらの規制の多くが後の違式詿違条例との重複が見られる（「北海道における風俗統制とアイヌ」参照）。

さて、開拓使（県庁に相当）があった札幌と比較すると、開港都市であった函館での市中取締規則（明治五年十一月）の方が、風俗に関する統制項目が多いことがわかる（資料2）。函館の場合も、その後の違式詿違条例と重複する項目が多いが、特に第十四条以降で、女性の断髪、男女角力《すもう》・蛇遣《へびつか》いなどの「見苦敷見世物《みぐるしき》」、入墨、「エンギ」と称された男根状の商品、春画などの禁止項目が詳しく規定されている。

次に札幌での同年十一月の邏卒規則を見ると、邏卒の職務を「内外の人民を保護し、風俗を正する為」と定めている（明治四年九月開拓使函館支庁達の「巡邏兵隊心得」には、風俗統制項目は見られない）。この邏卒規則には「邏卒心得規則」「邏卒自守条目」が含まれているが、邏卒心得規則には「往来での裸」に加え、「往来橋道掃除」「人家建込の場の花火」など、違式詿違条例と同様の内容が含まれている（資料3）。

これらの資料からわかるように、違式詿違条例が施行されるまでの間、地方都市では市中取締と邏卒心得規則が風俗統制を担った。さらに後述するように、開拓使本庁（県庁にあたる）が所在する札幌のような都市よりも、外国人の居住・往来する函館のような開港場の方が、風俗規制項目は多かった。このように、すでに違式詿違条例以前にも、前述の「文明開化とは何か」で紹介したような外国人によって批判された風俗項目は、規制の対象となっていた。そしてこれらの規制が、違式詿違条例に吸収されていったと考えられる。

〔資料1〕

市中取締規則（明治五年七月　開拓使札幌本庁達無号）

明治五年七月達

第一　担商人《かつぎしょうにん》共公ノ建物並四辻小路《よつつじこうじ》等ニ相集リ時ヲ移シ諸人ノ往来《おうらい》ヲ妨ク可《べか》ラサル事（路上での商売による往来の妨げの禁止）

第二　若《も》シ市中ニテ乱暴人等有之《これあり》候町役人取鎮《とりしずめ》候共不聞入《ききいれず》手向《てむかい》致シ手ニ余リ候節ハ其段速《すみやか》ニ巡邏先又ハ屯所《とんしょ》へ可申出但屯所ハ当分二番邸四番五番仮官邸ノ事

（乱暴人の取り締まり）

第三　往来ノ邪魔ニ成候程ニ諸物品等積出置候義不相成《あいならず》但軒先《のきさき》雨滴落ヨリ三尺迄ハ用捨可致事《ようしゃいたすべきこと》（路上への物品積み置きによる往来の妨げの禁止）

第四　小荷駄《こにだ》ノ義口取一人ニ付五疋以上不相成事（荷物運搬時の馬の頭数制限）

第五　小荷駄ヲ市中々央へ手放置候義不相成両側ノ廡下《のきした》へ繋キ可申且《かつ》連牽往来ノ節ハ市中片端へ寄往来可致事（荷物を運搬する馬の繋留規定）

第六　暑中タリ共赤裸ニテ市中往来致シ且男女立溺《たちゆばり》等決テ不相成事（往来での裸体・立ち小便禁止）

第七　人家建込ノ場所ニテ花火等ノ類一切玩《もてあそ》ヒ候義不相成但広場ニテ不差障所《さしさわらぬところ》ハ不

苦事（街中での花火の制限）

第八　酔ウニ乗シ市中ヲ放歌且暴行シ往来ノ妨《さまたげ》致等ノ義有間敷事《あるまじきこと》（酔漢の取り締まり）

第九　往来御許無之場所へ水ヲ流《ながし》カケ或ハ不浄品ヲ投ケ捨溝堀へ塵芥《じんかい》ヲ投入候義不相成事（往来への棄水、溝・堀への塵芥投棄の禁止）

〔資料2〕

市中取締規則（明治五年十一月十一日　開拓使函館支庁布達第一五〇号）

十一月十一日第百五十号布達

市中取締規則左ノ通

一　預金手形ヲ以《もって》金銀同様通用候儀不相成事（預金手形の制限）

一　海岸地又ハ除地《よけち》へ無願ニテ家作又ハ床店《とこみせ》葦簾《よしず》張《ばり》等取建候儀不相成但是迄右類ノ向ハ追々取払《とりはらう》様《よう》可致事（海岸・除地での不法〈無許可〉建築の禁止）

一　大火ノ節材木類其外ノ品物諸人ノ難儀ヲ不厭《いとわず》直上《ねあ》ケ不相成事（火事に際しての便乗値上げの禁止）

一　火事場ニテ乗馬ハ勿論消防ノ妨ニ不相成様可致事（火事場での乗馬・消火活動妨害行為の禁止）

一　高貴ノ方並行軍等へ途中ニテ行逢候節不敬ノ儀不相成事（皇族等・行軍に対する路上での不敬行為の禁止）

一　艀来砂糖へ灰炭石灰《はいずみせつかい》等取交《とりまぜ》御国砂糖ニ偽造シ売買候儀不相成事（砂糖の品質偽造売買禁止）

一　道路ニテ酔ニ乗シ猥《みだり》ケ間《がま》敷《しき》振舞シ或ハ裸又帯ヲモシメス見苦敷姿ニテ徘徊不相成事（泥酔者の不作法・徘徊〈含着衣の乱れ〉の禁止）

一　遊女屋或ハ酒食商店等ニテ酒食代ニ類其外預候儀不相成事（「遊女屋」「酒食商店」の代金賃借の禁止）

一　其渡世ニ非スシテ質物預リ又ハ古著（着カ）古物買受候儀不相成事（無許可による質・古物営業の禁止）

一　蓬萊《ほうらい》町豊川町其他往来群集ノ場所ニテ馳乗不相成事（街中〈群集地〉での乗馬による疾駆の禁止）

一　免許ヲ不請《うけず》見世物其外人集ノ営業不相成事（無許可による見世物営業の禁止）

一　常式ノ祭礼法会ノ外神社或ハ寺院ヘ人集不相成事（祭礼・法会以外の神社・寺院の使用禁止）
一　人家建込ノ場ニテ花火ノ類　玩《もてあそび》候儀不相成事（街中での花火の禁止）
一　婦人散髪不相成但是迄散髪致候者ハ早々復飾可致候事（婦人の断髪禁止）
一　男女角力《すもう》蛇遣《へびつか》ヒ其他見苦敷見世物不相成事（男女相撲・蛇遣い等の見世物の禁止）
一　俗ニ「ホリモノ」ト称シ身体ヘ模様ヲ書候儀不相成事（彫り物〈刑罰によるものではなく、嗜好による入墨〉の禁止）
一　俗ニ「エンギ」ト唱エ男根ノ形ヲ模造シ候品売買不相成事（男根様「縁起物」の禁止）
一　春画ハ勿論都《すべ》テ猥ケ間敷錦絵類売買不相成事（春画等の禁止）
右ノ簾々《かどかど》令禁止候若シ相背候者ハ相当ノ咎《とが》中付ヘシ

〔資料3〕
邏卒心得規則（明治五年十一月四日　開拓使札幌本庁達無号）
十一月四日達

邏卒規則別紙ノ通相定

（別紙）

一　邏卒ハ内外ノ人民ヲ保護シ風俗ヲ正スル為ニ候間各自礼節ヲ重ンシ信義ヲ厚フシ人民ノ障害ヲ除キ営業ノ便利ヲ得セシメ候様第一ニ可心掛事（職務〈人民保護・風俗矯正等〉、心構え〈礼節等〉）

一　巡邏中各体裁ヲ正シ耳目ヲ配リ途中往来ノ者ト談語致間敷尤《もっとも》旅人外国人其外不案内ノ義相尋候節ハ懇切ニ世話致可申事（巡回時の注意事項〈一般との私語禁止、外国人への対応〉）

一　事件有之節ハ精々遂（テ）吟味（シ）長《おさ》ヘ申出差図可受事（事件の際における上司への報告事項）

一　悪徒捕縛ノ節ハ彼ヨリ不当ノ所業致候共可成丈《なるたけ》穏ニ処置スヘキ事（逮捕後の処置）

一　職務ヲ怠リ命令ニ背キ規則ヲ犯ス輩ハ必ス規律ニ照シ相当ノ処置可申付事（職務怠慢に対する処置）

邏卒心得規則

一　邏卒ハ銘々持場ヲ取極置キ必ス循環ヲ以其持場ヲ不絶《たえず》巡回スヘシ其持場中一切ノ事件ハ必ス承知可有之事（担当地域の巡回）

一　得物ノ義ハ兼テ相定置候器械ノ外小銃或ハ兵器等決テ相携ヘ申間敷事（武器類の携帯制限）

一　毎朝衣服冠物ハ勿論履《くつ》其他諸器械ヲ検査シ破損ノ分ハ直《すぐ》ニ修復ヲ加ヘ都《すべ》テ不見苦様《みぐるしからぬよう》精々《せいぜい》可心掛其屯所内ハ諸道具等一々取片付掃除行届候様可心掛事（制服・道具の管理）

一　火付盗賊《ひつけとうぞく》人殺ノ類現場身受候節ハ速《すみやか》ニ捕拿《ほだ》スヘシ其他ハ本庁ノ指揮書ヲ受サレハ拿捕ス間敷事（放火窃盗・殺人犯の現行逮捕措置）

一　存付ノ義アラハ一人ニテ可申立大勢申合候義ハ不相成候事（申し立て）

一　尋常職務ノ外不断屯所内ニ相控居事件差起候旨外ヨリ為知越候節ハ直様《すぐさま》其場ニ馳《はせ》附《つけ》相当取計可致非番ノ節タリ共職掌《しょくしょう》ニ付聞掛《ききかけ》ノ事有之節ハ捨置サル様可心掛事（非番時の職務遂行）

一　本庁ノ下知《げじ》ニ従フヘキハ勿論官員ヨリ取締ノ義心付候事件ハ早速其長《おさ》ニ達シ可執行事（本庁命令遵守、上司への報告義務）

一 交代ノ節聞掛ノ事件等総《すべ》テ交代ノ者へ引継其上ニテ交代可致事（職務の交代・引き継ぎ）

一 兼《かね》テ町名橋名並家主ノ名前其他 龍吐水《りゅうどすい》置場等覚置候様可心掛事（町・橋・名主名および龍吐水〈当時の消火設備〉位置の暗記）

一 往来橋道掃除不行届候ハ、其掛へ可相達事（橋・道路の清掃確認）

一 担商人共公ノ建物並四辻小路等ニ相集リ時ヲ移シ諸人ノ往来ヲ妨候ハ、早速相制スヘキ事（路上での商売による往来の妨害の取り締まり）

一 裏店《うらだな》小路其他無産《むさん》体ノ者雑居集合致候家ハ隅々《すみずみ》迄兼テ調置巡邏ノ節別シテ注意シ自然怪敷《あやしき》事アラハ早速可取糺《とりただすべき》事（非就業者等集住地区の巡回調査・職務質問）

一 職務上ノ外決テ遊所《ゆうしょ》並寄《よ》セ場《ば》へ立入申間敷事（職務外での遊里等への立入禁止）

一 市中ニテ喧嘩《けんか》口論致候者有之候ハ、双方取押へ其所役人呼出厳シク教諭ヲ加へ下《さげ》渡《わたし》可申事（街中でのけんかの取り締まり）

一 悪徒捕押《とりおさえ》ノ節彼ヨリ手向ヒ等致シ取鎮ノ出来難キ節ハ格別 猥《みだり》ニ得物ヲ以テ打《ちょう》擲《ちゃく》致間敷事（逮捕時の警棒等の使用制限）

一 徒党ケ間敷義 企《くわだて》候者有之候ハ、速ニ其長ニ相達へシ窃盗《せっとう》ノ類聞掛有之候得ハ其

掛へ可申達事（集団での犯罪形跡がある場合の報告・調査）

一　巡邏中酒店等ニ立寄候義ハ勿論其他市中ノ商店へ立入猥ニ商物冷脚《あきないものひやかし》致間敷尤探索筋有之節ハ格別ノ事（巡回中の職務外での飲食店等への立入禁止）

一　外国人喧嘩口論並不法ノ所業等有之節ハ可成丈穏便ニ取鎮其上本庁へ可届事（外国人のけんか等取り締まり・対処と本庁への報告）

一　暑中タリ共赤裸ニテ市中往来致候者有之節ハ着服致候様屹度《きつと》可申諭事（往来での裸体取り締まりおよび着衣命令）

一　人家建込場ニテ花火類一切玩《もてあそ》ヒ候義不相成ニ付可差止但広場ニテ玩ヒ候義ハ不苦候事（街中での花火の取り締まり）

一　途中ノ急病或ハ行斃《ゆきだおれ》溺死《できし》捨子《すてご》等ハ見掛次第所役人へ報知スヘシ但捨物落物等同断ノ事（急病者、行き倒れ・溺死、捨て子、落とし物等を含む役所への報告）

一　持場中明家《あきや》アラハ之ニ注意シ夜中其内火光又ハ人声アラハ隣家ニ告テ内ニ入可見分事（空き家注意と不審時の立入見聞）

一　疵《きず》受シ者アラハ屯所へ報シ医者ヲ招キ其相手ヲ留置始末書ヲ添屯所へ連行番人ヲ付置其者住所屯所或ハ其掛へ可引渡事（怪我人の保護）

一　往来へ不潔ノ品ヲ捨置又ハ車馬ヲ街傍ニ置商売品往来へ張出往来ノ妨トナル者飲料ニ用ル河水ニテ汚穢《おわい》ヲ洗ヒ溝水中へ芥《あくた》ヲ捨或ハ芥捨場相祟《とが（メカ）》ミ候ヲ顧サル者又ハ山林及路傍ノ植物等ヲ猥ニ伐採候者ハ群衆中車馬ヲ粗暴ニ馳セ候者又ハ夜中故ナク人家ノ戸口ニ彳《たたず》ミ胡乱《うろん》ケ間敷者又ハ往来或ハ普請《ふしん》場等ニテ断《ことわり》ナク火ヲ焚《たき》候者又ハ断候共大風雨ノ節カ或ハ道路ノ妨トナル者又ハ往来ニテ高声《こうせい》放歌スル者又ハ児童タリ共石打犬打楽書《らくがき》等ノ戯《たわむれ》ヲ致者其外往来並営業ノ障害トナル所為ノ類ハ制止シ又ハ説諭ヲ加ヘキ事（往来および営業妨害の制止・説諭〈河川への塵芥投棄、山林や路上の無断伐採、深夜の不審者、たき火、放歌による騒音、子どもの石投げ・犬虐待・落書き等を含む〉）

一　火事場駈付《かけつけ》ノ者長ニ達シ消防掛ノ指揮ヲ受ヘシ但書ハ旗夜ハ高張提灯《たかはりぢょうちん》ノ章ヲ目的トスヘキ事（消火活動の補助）

一　出火ノ節ハ屯所へ半隊相詰半隊ハ場所へ駈付見物ケ間敷者ハ立払ハセ盗賊等入込サル様精々《せいぜい》注意スヘシ但時宜《じぎ》ニヨリ屯所へ両三名相残余ハ出張可致事（火事場での見物人取り締まり、泥棒を防ぐための注意等）

一　小荷駄ノ義口付一人ニ付五匹迄ハ不苦其余ヲ牽連《ひきつら》ネ往来致候ハ取揚候テ町会所へ

可引渡尤口付ノ者姓名住所等委細承糺《うけただ》シ町会所詰合へ可申達事（荷物運搬規定〈馬五頭まで〉違犯者取り締まり）

一　小荷駄ヲ市街中央へ手放置候者有之候ハ屹度申諭シ両側庇下へ繋カセ可申且牽連ネ往来ノ節モ市街片端へ寄席往来可致旨屹度可申諭事（荷物を運搬する馬の繋留規定違犯者の取り締まり）

邏卒自守条目

一　今般巡邏務方《つとめかた》拝命ニ付テハ内外人民ノ保護ヲ主意トナシ各謹慎勉励強《つとめて》可有之事（拝命時の心構え）

一　長官ノ命ハ勿論諸規則厳重ニ相守可申事（長官命令・諸規則遵守）

一　邏卒ハ風俗ヲ正シ教化ヲ助ルノ任ナレハ各自廉恥ニ守リ其屯所並職務中ハ飲食ハ厳ニ禁セシムヘキ事（風俗教化の任務遂行のための心構え、職務中の飲食禁止）

一　屯所外出行ノ節休番タリトモ制服ノ外不可用事（休日外出時の制服着用）

一　休番ノ者外出午前六時ヨリ午後八時迄期限トスヘキ事（休日時の外出時間）

一　浴場正午十二時ヨリ始メ午後五時迄ニ可終事（浴場利用時間）

一　屯所内へ一名不寝番《ふしんばん》ヲ極置《きめお》キ巡邏ノ時刻ヲ計リ夜中取締等可致但交番ノ義ハ適宜

ニ可定事（当直および夜間の取り締まり）

一　屯所毎日二人ツ、当番相立置洒掃《さいそう》応対其外諸務引受取締厳重可致但二人ノ内廻《かい》

状《じょう》等使役可相勤事（当番制による清掃・職務遂行など）

違式詿違条例の施行

違式詿違条例については、明治文化史の中で、特に文明開化に関する事例として言及・紹介されてきたほか、法制史分野で研究の積み重ねがあり、特に神谷力「地方違式詿違条例の施行と運用」などの一連の研究に詳しい。さらに同条例が一般の風俗・習慣を規制した法規であったことから、当時の文化統制装置として注目され、近年さまざまな分野で紹介されるようになった。筆者もまた、このような違式詿違条例の目的に鑑み、幕末から明治初期にかけて、いち早く外国人に開かれた開港都市（開港場）における同条例の検証を行なっている。開港場での特徴については後述するとして、まずは違式詿違条例とはどのような法規であったかを、簡潔に説明しよう。

特徴と施行時期

まず、全国で施行された違式詿違条例に共通の特徴といえるのは、その構成である。東京府下違式詿違条例（以下、東京府条例などと記す。資料4）で説明すると、同条例は全五十四条からなり、その内訳は総則五条・違式罪目二

十三条・詿違罪目二十六条となっている。なお、違式詿違条例では加除が頻繁に行われた上に、加除後の扱いも一様ではないため、本書では断りのない限りは、条例数は施行当初のものを指す。

　このように違式詿違条例では、違式罪目と詿違罪目に二分されていた。違式罪と詿違罪の違いについては、前者が有意犯（故意の犯罪）、後者が無意犯であるなどと考えられており、後者が前者より「微罪」とされた。たとえば違反者には罰金が科せられたが、罰金が支払えない場合には、違式犯は笞罪《ちざい》（むち打ち）、詿違犯は拘留《こうりゅう》刑に処せられた。ほかにも、違式詿違条例の罰則に関わる裁判が、司法ではなく行政機関である警察官吏によって行われる「特殊な刑罰法令」の形態であったことも、同条例の大きな特徴とされているが、本書では割愛する（大日向《おびなた》純夫《すみお》『日本近代国家の成立と警察』）。

　次に各地方違式詿違条例（以下、各地方条例などと記す）であるが、東京府条例施行の翌年に、地方で公布される違式詿違条例の雛形として太政官布告として公布された。同条例は全九十条からなり、総則五条・違式罪目三十七条・詿違罪目四十八条であった。ただし公布前に二条削除されているため、実際には八十八条である。

　このように東京と各地方条例の場合では、条例数が異なるが、もう一つの違式詿違条例の特徴として指摘されているのは、その施行のあり方である。すなわち、違式詿違条例では条例数ばかりでなく、その施行時期及び適用範囲や内容等において、地方によりさまざまな相違が見られる。

その理由は、明治七年（一八七四）三月に内務省から各府県に、「違式詿違条例は三府五港の外は各地方にて適度斟酌《しんしやく》施行せしむ」ことが達せられたことによる。同達では、各地方の「風俗習慣」には「一県内と雖《いえど》も各地の人情」に異同もあることから、「一概に之を施行し自然人民の苦情怨嗟《えんさ》を醸《かも》」すと、その矯正が「甚《はなはだ》至難の事件」であるという認識が示されていた。そのため、「三府五港を除くの外地方に於ては可成丈《なるべくだ》け懇切説諭《こんせつせつゆ》し」、同条例施行を漸次実施する方針を採用するとし（傍線は筆者による）、また内容についても、「時勢人情の適度斟酌の上取捨増減」すると定めた（『法令全書』第七巻-一）。

このように、時期の「漸次施行」が示されたが、「多くの府県では、条例布告後の六年八月から七年七月にかけて、地方違式詿違条例を管内に布達し、施行」されるに至った（神谷前掲論文）。

内容―東京と各地方の違式詿違条例

東京府下違式詿違条例を例に、その内容を簡単に説明する。まず罪目では、外国人から「淫蕩《いんとう》」な「蛮習《ばんしゅう》」として批判されていた混浴や往来での裸、「入墨」「春画・その類の器物の販売・購入」「男女相撲・蛇使い等『醜態を見せる』見せ物」「糞桶の無蓋での運搬」等の風俗に関わる条項が、改めて禁じられた。

また、外国人の宿泊、「贋造《がんぞう》ノ飲食物腐敗ノ食物」の販売、夜間の無灯火での馬車通行等の規制がなされた。詿違罪目においては、往来での大小便や汚物等の投棄、馬車の暴走行為をはじめ、女性の断髪、屋内から歩行者をひやかすことを禁じるなど、些末《さまつ》と思われるような内容に至るまで、実にさまざまな行為が禁止されている。ほかにも、乗馬や人力車に関する規制あるいは常夜灯《じょうやとう》や掲示場への悪戯《いたずら》を禁止する等、維新以降初めて民衆に許された行為や、新たに巷間《こうかん》に出現した近代的産物も多く含まれていた（資料4）。一般の人々に乗馬が許可されたのは、明治四年（一八七一）になってからである。

このように、東京府の条例では、「風俗、衛生、道路、交通などに関する市民生活上の行為」が規制項目に多く含まれている。一方、翌年布達された各地方違式詿違条例（およびそれを元に作成された各地の条例）では、「旧幕以来から成立していた」「儒教的倫理を中核とする郷村法度《ごうそんはっと》や五人組法規」を継承し、用水、勧農など村落生活上の日常行為を取り締まる罪種を規定する項目が多く見られるという（神谷前掲論文）。

「都市型」と「村落型」の二類型

さて、各地方違式詿違条例が全国で施行される条例の雛形《ひながた》とされたことは、上述の通りであるが、東京府下違式詿違条例も他地域でのモデルとして利用されており、そのような例は各地方条例施行以前に公布された地域、たとえば開港場であれば、函館・新潟に多く見られる（百瀬　二〇〇五・二〇〇六）。したがって、この二条例を比較することによって、全国で施行された違式詿違条例の大まかな特徴を把握することがある程度可能になると考える。以下で、東京府下違式詿違条例と各地方違式詿違条例の相違を検討してみよう。比較にあたっては、東京条例とそれを基礎とする条例を「都市型」、各地方条例とそれを雛形とするものを「村落型」と仮に名付けて、分類することにする。

村の統制

モデルとなった二つの条例の数を比較すると、東京府下違式詿違条例は五十四条、各地方違式詿違条例は九十条である。これは各地方条例の構成が、東京府条例の内容を敷衍《ふえん》した上で、新たな条項を加えてい

「村落型」における風俗項目削除

ることによる。しかしここで注意したいのは、各地方違式詿違条例では、「都市型」の全ての条項が敷衍されているわけではないことである。地方での実情に合わないとされる事項は、「村落型」では除外されているものもある。したがって、違式詿違条例の「都市型」と「村落型」の条例数を比較すると、大多数の場合、後者の条数が圧倒的に多い。このような条例数の多寡に加え、「村落型」では地方独自の風俗の規制等が加わり、内容上

さまざまな差異が見られる。

両者の相違のうち、ここでは特に風俗に関する項目をみてみよう。すると、「村落型」のモデルとなった各地方違式詿違条例では、「往来での裸体」と「立小便」に関わる禁止項目が削除されていることがわかる（資料5）。具体的には、東京府条例の裸体や袒裼《たんせき》（カタヌギ）・股脛《ももすね》を露にする「醜態」（二十二条）、湯屋戸口開放など（三十七条）、市中往来での小便（四十九条）、幼児による店先・往来での大小便（五十条）を指す。

ところでこの二項目は、違式詿違条例公布の目的上肝要とされた、文明度の問題に係わるものである。本来であれば、優先的に規制対象とされるべきであったと考えられる。この要因として考えられるのは、やはり各地方違式詿違条例の位置付けであろう。

すでに述べたように、各地方違式詿違条例は地方法令の「雛形」として、その公布・施行時期・内容ともに各地の事情に鑑みて施行するとされていた。このような形式をとった理由は、すでに述べたような風俗の矯正が「甚《はなはだ》至難《しなん》」であり、「一概ニ之ヲ施行シ自然人民ノ苦情怨嗟ヲ醸」すという認識が当時、政府にあったためとされている。したがってこのすぐに変更できない「民俗情勢」と（条例制定側に）された項目に、上述の二項目が含まれていたという仮定は成り立ち得ると考える。

明治初期に日本各地を旅行した外国人による村落部の描写（裸の人間が多いという感想）や後述の京都何鹿郡《いかるが》の血税一揆での「裸体免許」要求などの事例は、この仮定を補足する良い資料となっている。

〔資料4〕

違式詿違条例（明治五年十一月八日　東京府布達　第七二六号）

十一月（十一月八日東京府布達ヲ以ツテ来ル十三日ヨリ施行ス）

違式詿違条例

第一条

一　違式ノ罪ヲ犯ス者ハ七拾《じゆう》五銭ヨリ少ナカラス百五拾銭ヨリ多カラサル贖金《しよくきん》ヲ追《つい》徴《ちよう》ス

第二条

一　違式ノ罪ヲ犯ス者六銭弐厘《にりん》五毛《もう》ヨリ少ナカラズ拾弐銭五厘ヨリ多カラサル贖金ヲ追徴ス

第三条

一　違式註違ノ罪ヲ犯シ無力ノ者ハ実決スルコト左ノ如シ
　一違式　笞罪十一ヨリ少ナカラス
　　　　　　二十ヨリ多カラス
　一註違　拘留一日ヨリ少ナカラス
　　　　　　二日ヨリ多カラス

第四条
一　違式並ニ註違ノ罪ニヨリ取上クヘキ物品ハ贖金ヲ科スルノ外別ニ没収ノ申シ渡シヲ為スヘシ

第五条
一　違式註違ノ罪ヲ犯シ人ニ損失ヲ蒙ラシムル時ハ先ズ其損失ニ当ル償金ヲ出サシメ後ニ贖金ヲ命ス可シ

違式罪目

第六条
一　地券所持ノ者諸上納銀ヲ怠リ地方ノ法ニ違背致ス者　＊施行前削除（明治九年五

月罰則軽減規定追加…違式ノ罪目ヲ犯スト雖モ情状軽キハ、減等シテ詿違ノ贖金ヲ追徴シ、詿違ノ罪目ヲ犯スト雖モ重キハ、加等シテ違式ノ贖金ヲ追徴スベシ。其犯ス処キワメテ軽キハ、止ダ《た》呵責《かしゃく》シテ放免スルコトアルベシ）

第七条
一　贋造ノ飲食物並ニ腐敗ノ食物ヲ知テ販売スル者
第八条
一　往来又ハ下水外河中等ヘ家作並孫庇《まごひさし》等ヲ自在ニ張出シ或ハ河岸地《かしち》除地《のぞきち》等ヘ願ナク家作スル者
第九条
一　春画及ヒ其類ノ諸器物ヲ販売スル者
第十条
一　病牛死牛其他病死ノ禽獣《きんじゅう》ヲ知リテ販売スル者
第十一条
一　身体ニ刺繍ヲ為ス者
第十二条

一　男女入込ノ湯ヲ渡世スル者
第十三条
一　乗馬シテ猥リニ馳駆シ又ハ馬車ヲ疾駆シテ行人《こうじん》ヲ触倒ス者但《ただし》殺傷スルハ此限ニアラス
第十四条
一　外国人ヲ無届ニテ止宿《ししゅく》セシムル者
第十五条
一　外国人ヲ私《ひそか》ニ雑居セシムル者
第十六条
一　町《まち》火《ひ》消鳶人《けしとびにんそく》足共町々普請造営ノ節地所組合違ノ者ヲ雇フコトニ故障スル者
第十七条
一　夜中無燈ノ馬車ヲ以テ通行スル者
第十八条
一　人家稠密《ちゅうみつ》ノ場所ニ於テ妄《みだ》リニ火枝《かき》ヲ玩フ者
第十九条

一　火事場ニ関係ナクシテ乗馬スル者

第二十条

一　願ナク床店葭簀張《よしずばり》等ヲ取建ル者

第二十一条

一　戯《たわむれ》ニ往来ノ常燈台ヲ破毀スル者

第二十二条

一　裸体又ハ袒裼《たんせき》シ或イハ股脚ヲ露ハシ醜体ヲナス者

第二十三条

一　馬及車留ノ掲示アル道路橋梁《きょうりょう》ヲ犯シテ通行スル者

第二十四条

一　無検印ノ舟車ヲ以テ渡世スル者

第二十五条

一　男女相撲《すもう》並蛇遣ヒ其他醜体ヲ見世物ニ出ス者

第二十六条

一　第二十二条ノ如キ見苦敷キ容体ニテ乗馬スル者

第二十七条
一　川掘下水等へ土芥瓦礫《がれき》等ヲ投棄シ流通ヲ妨クル者
第二十八条
一　軒外へ木石炭薪等ヲ積置ク者

詿違罪目

第二十九条
一　狭隘《きようあい》ノ小路ヲ馬車ニテ馳走スル者
第三十条
一　夜中無提燈ニテ人力車ヲ輓《ひ》キ及ヒ乗馬スル者
第三十一条
一　暮六《くれむ》ツ時ヨリ荷車ヲ輓ク者
第三十二条
一　斟酌ナク馬車ヲ疾駈セシメテ行人へ迷惑ヲ掛ケシ者
第三十三条

一　人力車挽ノ者強テ乗車ヲ勧メ過言《かごん》等申掛《もうしかけ》ル者

第三十四条

一　他人園中ノ菓実ヲ採リ食フ者

第三十五条

一　馬車及人力車荷車等ヲ往来ニ置キ行人ノ妨ヲナシ及ヒ牛馬ヲ街区ニ横タヘ行人ヲ妨ケシ者

第三十六条

一　禽獣ノ死スル者或ハ汚穢ノ物ヲ往来等ヘ投棄スル者

第三十七条

一　湯屋渡世ノ者戸口ヲ明放チ或ハ二階ヘ目隠《みかくし》簾《すだれ》ヲ垂レサル者

第三十八条

一　居宅前掃除ヲ怠リ或ハ下水ヲ浚《さら》ハサル者

第三十九条

一　婦人ニテ謂《いわ》レナク断髪スル者

第四十条

一　荷車及人力車行逢フ節行人ニ迷惑ヲカケシ者

第四十一条

一　下掃除ノ者蓋ナキ糞桶ヲ以テ搬運スル者

第四十二条

一　旅籠屋《はたごや》渡世ノ者止宿人名ヲ記載セス或ハ之ヲ届ケ出テサル者

第四十三条

一　往来筋ノ号札又ハ人家ノ番号名札看板等ヲ戯ニ破毀スル者

第四十四条

一　喧嘩口論及ヒ人ノ自由ヲ妨ケ且驚愕ス可キ噪鬧《そうどう》ヲ為シ出セル者

第四十五条

一　往来常燈ヲ戯ニ消滅スル者

第四十六条

一　疎忽《そこつ》ニヨリ人ニ汚穢物及ヒ石礫《せきれき》等ヲ放澆《ほうぎょう》セシ者

第四十七条

一　田園種芸ノ路ナキ場ヲ通行シ又ハ牛馬ヲ牽入ル者

第四十八条
一　物ヲ打掛ケ電信線ヲ妨害スル者
第四十九条
一　市中往来筋ニ於テ便所ニアラサル場所ヘ小便スル者
第五十条
一　店先ニ於テ往来ニ向ヒ幼稚ニ大小便セシムル者
第五十一条
一　荷車及ヒ人力車等ヲ並ヘ挽キテ通行ヲ妨ケシ者
第五十二条
一　誤《あやまり》テ牛馬ヲ放チテ人家ニ入レシメシ者
第五十三条
一　犬ヲ闘ワシメ及戯ニ人ニ嗾《ぞく》スル（けしかける）者
第五十四条
一　巨大ノ紙鳶《たこ》ヲ揚ケ妨害ヲ為ス者

〔資料5〕

各地方違式詿違条例（明治六年七月十九日　太政官布告　第二五六号）

各地方違式詿違条例別冊ノ通被定条此旨布告候事

但地方ノ便宜ニ依リ斟酌増減ノ廉《かど》ハ警保寮ヘ可伺出且条例掲示ノ儀モ同寮ノ指揮ヲ可受事

（別冊）

違式詿違条例

第一条　違式ノ罪ヲ犯ス者ハ七十五銭ヨリ少ナカラス百五拾銭ヨリ多カラサル贖金ヲ追徴ス

第二条　詿違ノ罪ヲ犯ス者ハ六銭弐厘五毛ヨリ少ナカラス拾弐銭五厘ヨリ多カラサル贖金ヲ追徴ス

第三条　違式詿違ノ罪ヲ犯シ無力ノ者ハ実決スルコト左ノ如シ

一　違式　笞罪一十ヨリ少ナカラス二十ヨリ多カラス

一　詿違　拘留一日ヨリ少ナカラス二日ヨリ多カラス

但シ二罪トモ適宜懲役ニ換フ

第四条　違式並ニ詿違ノ罪ニヨリ取上クヘキ物品ハ贖金ヲ科スルノ外別ニ没収ノ申渡シヲ為スヘシ

第五条　違式詿違ノ罪ヲ犯シ人ニ損失ヲ蒙《こうむ》ラシムル時ハ先ツ其損失ニ当ル贖金ヲ出サシメ後ニ贖金ヲ命スヘシ

違式罪目

第六条　地券所持ノ者諸上納銀ヲ怠リ地方ノ法ニ違背致ス者

第七条　贋造ノ飲食物並ニ腐敗ノ食物ヲ知テ販売スル者

第八条　往来又ハ下水外河中等ヘ家作並孫庇等ヲ自在ニ張出シ或ハ河岸地除地等ヘ願ナク家作スル者

第九条　春画及ヒ其類ノ諸器物ヲ販売スル者

第十条　病牛死牛其他病死ノ禽獣ヲ知リテ販売スル者

第十一条　身躰《しんたい》ヘ刺繍ヲナス者

第十二条　男女入込ノ湯ヲ渡世スル者

第十三条　乗馬シテ猥リニ馳駈シ又ハ馬車ヲ疾駈シテ行人ヲ触倒ス者
但殺傷スルハ此限ニアラス

第十四条　外国人ヲ無届ニテ止宿セシムル者
第十五条　外国人ヲ私ニ雑居セシムル者
第十六条　夜中無燈ノ馬車ヲ以テ通行スル者
第十七条　人家稠密ノ場所ニ於テ妄リニ火技ヲ玩フ者
第十八条　火事場ニ関係ナクシテ乗馬スル者
第十九条　戯ニ往来ノ常燈台ヲ破毀スル者
第二十条　馬及ヒ車留メノ掲示アル道路橋梁ヲ犯シテ通行スル者
第二十一条　男女相撲並ニ蛇遣ヒ其他醜躰ヲ見世物ニ出ス者
第二十二条　川堀下水等ヘ土芥瓦礫《どかいがれき》等ヲ投棄シ流通ヲ妨クル者
第二十三条　他人持場ノ海草類ヲ断リナク苅採《かりと》ル者
第二十四条　他人ノ持場又ハ免許ナキ場所ニ魚梁《やな》ヲ設ル者
第二十五条　毒薬並ニ激烈気物ヲ用《もち》ヒ魚鳥ヲ捕フル物
第二十六条　他人分ノ田水ハ勿論組合持ノ田水ヲ断リナク自恣《じし》ニ我カ田ニ引入ル者
第二十七条　他人ノ持場ニ入リ筍《たけのこ》或ハ蕈《きのこ》類ヲ無断《ことわりなく》採リ去ル者
第二十八条　掲榜《けいぼう》場ヲ汚損シ並ニ其囲《かこい》ヲ破毀スル者

第二十九条　堤ヲ壊《こぼ》チ又ハ断リナク他人ノ田園ヲ掘ル者
第三十条　道敷内ニ菜蔬《さいそ》豆類ヲ植或ハ汚物ヲ積ミ往来ヲ妨クル者
第三十一条　他村又ハ他人持場ノ秣《まぐさ》或ハ苗代草等ヲ断リナク苅採ル者
第三十二条　婚姻祝儀《しゅうぎ》等ノ節事故ニ托シ往来又ハ其家宅ニ妨害ヲナス者
第三十三条　馬夫或ハ日雇稼《ひやといかせぎ》ノ者等仲間ヲ結ヒ他人ノ稼ヲ為スニ故障スル者
第三十四条　神物祭事ニ托シ人ニ妨害ヲナス者
第三十五条　往来ニテ死牛馬ノ皮ヲ剥キ肉ヲ屠《ほふ》ル者
第三十六条　他人ノ墓碑ヲ毀損スル者
第三十七条　官有ノ山林等ニ禁制ノ榜示アルヲ犯セシ者
第三十八条　＊施行前削除
第三十九条　御用《ごよう》ト書タル小旗提燈等ヲ免許ナク猥リニ用ル者
第四十条　他人ノ繫舟ヲ無断棹《さおさ》シ遊フ者
第四十一条　官有或ハ他人ノ山林田畠ニ入リ植物ヲ損害スル者
第四十二条　神社仏閣ノ器物類ヲ破毀スル者
註違罪目

第四十三条　狭隘ノ小路ヲ馬車ニテ馳走スル者
第四十四条　夜中無提燈ニテ諸車ヲ挽キ又ハ乗馬スル者
第四十五条　斟酌ナク馬車ヲ疾駈セシメテ行人へ迷惑ヲ掛ケシ者
第四十六条　馬車及ヒ人力車荷車等ヲ往来ニ置キ行人ノ妨ヲナシ及ヒ牛馬ヲ街区ニ横タへ行人ヲ妨ケシ者
第四十七条　禽獣ノ死スル者或ハ汚穢ノ物ヲ往来等へ投棄スル者
第四十八条　婦人ニテ謂《いわ》レナク断髪スル者
第四十九条　荷車及ヒ人力車行逢フ節行人ニ迷惑ヲカケシ者
第五十条　下掃除ノ者蓋ナキ糞桶ヲ以テ搬運スル者
第五十一条　旅籠屋《はたごや》渡世ノ者止宿人名ヲ記載セス或ハ之ヲ届ケ出テサル者
第五十二条　往来筋ノ号札又ハ人家ノ番号名札看板等ヲ戯ニ破毀スル者
第五十三条　喧嘩口論及ヒ人ノ自由ヲ妨ケ且驚愕スヘキ噪鬧ヲ為シ出セル者
第五十四条　往来常燈ヲ戯ニ消滅スル者
第五十五条　粗忽ニ依リ人ニ汚穢物及ヒ石礫等ヲ抛澆セシ者
第五十六条　田園種芸ノ路ナキ場ヲ通行シ又ハ牛馬ヲ牽入ル者

第五十七条　＊施行前削除
第五十八条　荷車及ヒ人力車等ヲ並ヘ挽キテ通行ヲ妨ケシ者
第五十九条　誤テ牛馬ヲ放チテ人家ニ入レシメシ者
第六十条　犬ヲ闘ハシメ及ヒ戯ニ人ニ嗾《ぞく》スル（けしかける）者
第六十一条　巨大ノ紙鳶ヲ揚ケ妨害ヲ為ス者
第六十二条　酔ニ乗シ又ハ戯ニ車馬往来ノ妨碍《ぼうがい》ヲナス者
第六十三条　雑魚《ざこ》乾場ニ妨害ヲナス者
第六十四条　海苔乾場ニ妨害ヲナス者
第六十五条　他人ノ魚梁等ニ妨害ヲナス者
第六十六条　養田水其外用水ニ妨害ヲナス者
第六十七条　水除杭《みずよけぐい》ニ妨害ヲナシ又ハ之ヲ抜取ル者
第六十八条　他人ノ竹木ニ妨害ヲナシ又ハ枝葉ヲ拾取ル者
第六十九条　他人ノ猟場ニ妨害スル者
第七十条　他人ノ植籬《しょくり》牆垣《しょうえん》ヲ損害スル者
第七十一条　渡船ニテ不当ノ賃銭ヲ取リ或ハ等閑《とうかん》ニ行人ヲ待《はべら》シメ用便ヲ妨クル者

第七十二条　往来ノ並木及苗木ヲ徒《いたずら》ニ害スル者
第七十三条　渡舟橋梁ノ賃銭ヲ不払《はらわず》シテ去ル者
第七十四条　誤テ牛馬ヲ放チ他人ノ田圃《でんぽ》及ヒ物品ヲ損害スル者
第七十五条　猥リニ他人ノ争論ニ荷担スル者
第七十六条　行人ニ合力《こうりょく》等ヲ申掛ル者
第七十七条　牧場外猥リニ牛馬ヲ放チ飼スル者
第七十八条　他人ノ獣畜類等ニ犬ヲ嗾《け》シ掛《かけ》ル者
第七十九条　他人ノ墳墓等ノ供品類ヲ猥リニ毀損スル者
第八十条　水車水碓《すいたい》等ニ妨害ヲナス者
第八十一条　行人ニ強《しい》テ車馬駕籠等ヲ勧メ過言ヲ申掛ル者
第八十二条　他人ノ曝網《さらしあみ》ニ妨害ヲナス者
第八十三条　他人ノ海苔柵《のりさく》内へ断リナク舟ヲ棹シ入ル丶者
第八十四条　山林原野ニテ徒ラニ火ヲ焚《たく》者
第八十五条　総テノ標柱ニ牛馬ヲ繋キ或ハ破毀スル者
第八十六条　橋柱ニ舟筏ヲ繋ク者

第八十七条　神祠仏堂又ハ他人ノ垣壁《えんぺき》等ニ楽書《らくがき》ヲナス者
第八十八条　田畝中ニ瓦礫竹木等ヲ投入ル者
第八十九条　遊園及ヒ路傍ノ花木ヲ折リ或ハ植物ヲ害スル者
第九十条　往来並木ノ枝ニ古草履等ヲ投掛ル者
（一部のふりがなについては、『小学必用神奈川県下違式詿違全』『岐阜県違式詿違条例註解』を参考にした）

果たされなかった例外規定

このようにさまざまな相違がみられる違式詿違条例であるが、各地方違式詿違条例の公布の際に、例外規定として「三府五港ヲ除キ」漸次施行する旨の方針が打ち出されていた。三府五港、すなわち東京・大阪・京都、および「開港場」であった函館・横浜・新潟・神戸・長崎に関しては、明治三年（一八七〇）に「三府並開港場取締心得」が太政官から布達されている（全十七条、交通、水利、衛生、外国人に関する規制が含まれている）。

外国人の往来が多く、居留地も設定されたこれらの地における風俗統制が、特に重視されたことは想像に難くない。しかし、東京府下違式詿違条例以降、これらの施行時期は一

（浦谷義春註解『御布令之訳』明治９年〈大阪〉）

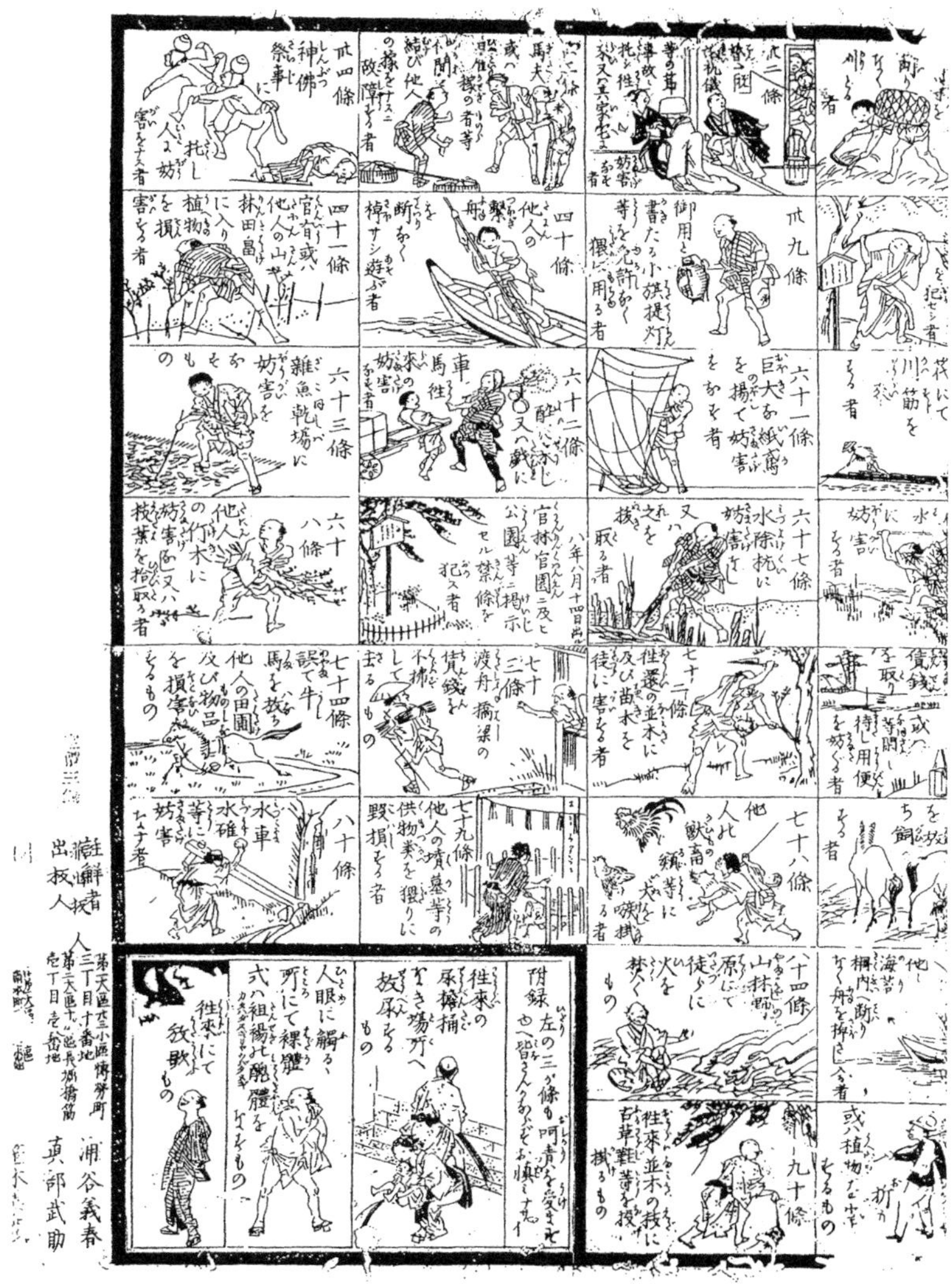

図５　各地方違式詿違条例の図解

表1　五港等の条例施行年月と条例数

年	月	条例名	計	総則	違式	詿違
明治5	11	東京府下違式詿違条例	54	5	23	26
明治6	3	函館支庁違式詿違条例	54	5	22	27
	5	新潟県違式詿違条例	51	5	25	21
	7	神奈川県違式(詿違)条例(1)	81	5	76	—
	7	各地方違式詿違条例(2)	90	5	37	48
	10	兵庫県違式詿違条例	84(3)	5	34	45
明治9	1	長崎県違式詿違条例	92	5	37	50
	10	京都府違式詿違条例	104(4)	6	46	52
明治10	2	大阪府違式詿違条例(5)	76	6	35	35

注
(1) 詿違罪目確定は1874年7月以降であり，当初は違式罪目のみで施行された.
(2) 各地方違式詿違条例については，公布月を記した.
(3) 公布時に，さらに増補条例19条が付け加えられている.
(4) 第104条（注意書き）を含む（10月2日布達104条11月13日改正105条).
(5) 大阪府違式詿違条例の公布は，明治9年12月であった.

様ではなかった。大阪・京都・長崎では結果的に適用されず、この三都市に同条例が公布されたのは、各地方違式詿違条例公布から三年後の明治九年であった。この三年の間は、三都市では同条例に代わる市中取締規則などの類似法規によって、風俗の取り締まりが行われていた。

表1は、開港五都市およびそれらのモデルとなった東京府下違式詿違条例と各地方違式詿違条例を条例数で示したものである。表1で示したように、函館・新潟が東京府条例を、神奈川・兵庫・長崎・京都が各地方条例を踏襲していることは、条例数

からも類推される。ただし大阪府の場合は、各地方条例の内容もいくつか含むものの、都市生活上の（東京府条例とは異なる）独自の内容が含まれているので、この場合はどちらかというと「都市型」と分類してよいかもしれない（東京府条例のみと一致の項目……六条、大阪独自の項目……十八〔内、一条のみ村落に関わる項目〕、各地方条例のみと一致……二十条）。

三府五港の風俗統制

ところで現在の状況から考えると、函館・新潟が「都市型」、神奈川・兵庫が「村落型」に分類されるのは、奇異に感じられるかもしれない。前者の二地域では条例公布・施行ともに、各地方条例公布前になされ、東京府条例とほぼ同じ内容になっている。その要因としては、函館の場合は明治初年で、「内地（本州以南）」からの移民がまだ多くはなく、「怨嗟を醸す」ような勢力が、未だ育っていなかったとも考えられる。

一方新潟の場合は、明治五年（一八七二）に新潟県令として赴任した、楠本正隆《くすもとまさたか》の急激な文明開化策の影響が指摘されている。『新潟県史』には、楠本が「この時期の他の地方官同様に、旧習、旧制度の一掃と新政推進の意欲に燃えて、積極的に県政を主導し」、「なかでも開港地の県都新潟町を、外国人に恥ずかしくない街に造り上げることに力を入れ」たことが記されている。風俗統制の布達に関する当時の一般向け解説書『和解《わげ》』では、新潟が開港場であるがゆえに、「政府の外交方針をよく理解して開化の域をめざし、市街地が不潔で臭いのは恥ずかしいことだと強調」されていたという。このような楠本の施策方針からは、同地の情勢を考慮する姿勢は見られない。むしろ東京府条例の忠実な敷衍《ふえん》には中央（東京府）の指標を取り上げるという意図が推察される（百瀬　二〇〇六）。

この東京を規範とする文明開化の急激な促進（端午《たんご》の節句のこいのぼりや盆踊りの禁止のほか、道端の地蔵まで排除しようとした）は、同県に多くの歪みをもたらしたようで、住民の反発を招く結果となった。違式詿違条例も「現実の必要によって各種罪目の追加、その他の改正が逐次行われ」、その後の明治九年の同条例改正では、新潟町を含む十四町および「各警察出張所所在の地に各町ごとの違式詿違条例が」定められる事態となった（『新潟県警察史』）。

「村落型」を踏襲した場合の風俗項目については、神奈川・京都の場合はすでに条例中に往来での裸体、町中での大小便の禁止項目が含まれている。兵庫県の場合は、全八十四条の中にはこれらの項目は見られず、「増補条例」十九条中に含まれている（『兵庫県警察史』）。ただし「兵庫県資料」二六によれば、「兵庫県神戸兵庫市街違式詿違条例」と「兵庫県神戸兵庫両港を除く郡村違式詿違条例」の二種類の条例が公布されたとある。前者には条例中にこれらの風俗規制項目が含まれるが、後者には見られない。

長崎県違式詿違条例は、明治八年に公布されるが、翌年の施行は二度に分ける形で行われている。明治九年一月一日、長崎市街のみ付則二条を含む全九十二条が適用され、同年四月一日からは全九十条が県内全域を対象に施行された。前者の付則二条が、まさしく往来での裸体と大小便に関する規定であった。ちなみに大阪では、この二規制項目は条例中にもちろん含まれている。

違式詿違条例の影響

違式詿違条例による生活全般にわたる規制は、当時の人々に多大な影響を及ぼしたことは想像に難くない。明治初期に流通した新聞錦絵や新聞には、これら違詿犯の逮捕記事や記事に関連して作られた狂歌が掲載された。図6は、明治九年（一八七六）に発行された、近年の重大ニュースの番付表である。ここでは、災害や明治維新に至る騒動・戦争など一連の話題に交じり、新奇の風俗が扱われているが、特に三段目には、「違式詿違の罰金」、違式詿違条例の関連から新造された「ペンキ塗りの往来の便所」などの記事が見られる。

さらに同条例が当時の庶民を煩わしたのは、その表現の難解さであった。この時期の行政文書が漢語を多用する傾向があったことは知られているが、同条例の文章と漢字の難解

図６　「近世珍奇くらべ」（明治維新以降の事件，新しい風俗などが取り上げられている．三段目右，「違式詿違の罰金」，左「ペンキぬりの往来の便所」）

さは、文字の読める人々にとっても「読めない、わからない」という事態を生じさせた。

次章では、風俗統制にともなって現れた村落部での軋轢《あつれき》とその後の新聞報道、および図解などの註解本による風俗統制の浸透の過程を検討する。

風俗統制の浸透

統制反対の一揆

村落部での軋轢

維新以降、明治政府による急激な開化政策に対して、さまざまな軋轢《あつれき》が生じたことが知られている。前述の「違式詿違条例」で見てきたように、往来での裸体や断髪をはじめとする風俗の統制・改変についても、当時の人々全てが唯々諾々《いいだくだく》と従ったわけではなく、何らかの反発を招いた。それは都市部よりも、とりわけ村落部で大きかった。このような反発の例の一つに「血税一揆《けつぜいいっき》」がある。その際には、徴兵令と並んで政府の風俗統制に異を唱える例も見られた。そのため、まずはその原因となった「血税」の説明を簡単に記そう。

明治六年（一八七三）一月の徴兵令の発布に先立ち、明治五年十一月二十八日「徴兵ニ関スル詔書及ヒ太政官告諭」が発せられた。この徴兵告諭に「血税」の文字があったために「人民の生血をしぼり取る」あるいは「生血を電線に塗る」「陶器に混ぜて売る」などという噂が広まったことが、血税一揆に発展したといわれている（石井研堂『明治事物起源』一・二）。太政官告諭では維新以前は「兵農《へいのう》ノ別ヲ為」していた弊を改め、版籍奉還《はんせきほうかん》によって「遠ク郡県ノ古《いにしえ》ニ復」し士族たちが「刀剣ヲ脱スルヲ許シ、四民《しみん》漸《ようや》ク自由ノ権ヲ得セシメントス」とした上で、次のように徴兵の必要性を説く（傍線は筆者による）。

是レ上下《しょうか》ヲ平均シ、人権ヲ斉一《せいいつ》ニスル道ニシテ、則《すなわ》チ兵農ヲ合一スル基ナリ、是ニ於イテ（中略）均シク皇国《こうこく》一般ノ民《たみ》ニシテ、国ニ報スルノ道モ、固《もと》ヨリ其別《べつ》ナカルヘシ、凡ソ天地ノ間、一事一物トシテ税アラサルハナシ、以《もっ》テ国用ニ充《あ》ツ、然《しか》ラハ則チ人タルモノ、固《もとよ》リ心力ヲ尽シ、国ニ報セサルヘカラス、西人《せいじん》之ヲ称シテ血税ト云フ、其生血ヲ以テ、国ニ報スルノ謂《いい》ナリ、且国家ニ災害アレハ、人々其災害ノ一分ヲ受サルヲ得ス、是故ニ人々心力ヲ尽シ、国家ノ災害ヲ妨クハ、則チ自己ノ災害ヲ妨クノ基タルヲ知ルヘシ、尚モ国アレハ、則チ兵備アリ、兵備アレハ、則チ人々其役ニ就カサルヲ得ス、是ニ由テ之ヲ観レハ、民兵ノ法タル、固ヨリ天然ノ理《ことわり》ニシテ、偶然作意ノ法ニ非《あら》ス、然而《しかりしこう》シテ其制ノ如キハ、古今ヲ斟酌シ、時宜《じぎ》ヲ制セサルヘカラス、西洋諸国、数百年来研究実践、以テ兵制ヲ定ム、故ヲ以テ其法極メテ精密ナリ、然レトモ政体地理ノ異ナル、悉《ことごと》ク之ヲ用フ可カラズ、故ニ今其長スル所ヲ取リ、古昔《こせき》ノ軍例ヲ補イ、海陸二軍ヲ備ヘ、全国四民、男児二十歳ニ至ル者ハ、尽ク兵籍ニ編入シ、以テ緩急ノ用ニ備フヘシ、郷長《ごうちょう》里正《りせい》厚ク御趣意ヲ奉シ、徴兵令ニ依リ、民庶ヲ説諭シ、国家保護ノ大本《たいほん》ヲ知ラシムヘキ也（『法令全書』六―一）。

ちなみに太陰暦《たいいんれき》から太陽暦への切り替えが行われた時期であり、明治五年十二月三日が同六年一月一日とされたため、実際には半月前の布告だったが、暦の上ではこの太政官告諭は徴兵令の半年前に布告された形となる。

さて「血税」と称した「西人」とは、この場合後出の「西洋諸国」の人間の意味する。太政官告諭がこの制度を「精密」とする根拠を、「西洋諸国、数百年来研究実践、以て兵制を定む」に依っている点については、従来あまり指摘されていない。しかし「郷長里正」が庶民を説諭するための理由を海外の法に求めて説明している点は、文明開化が「啓蒙的専制主義」と呼ばれる側面をよく表しているようにも思われる。

また、この「上下を平均し、人権を斉一にする道」が「均しく皇国一般の民にして、国に報するの道も、固より其別なかるへし」という論法は、風俗統制をはじめとする画一化、平均化にも類似する。

ところで、当時の人々が徴兵の免役制度を利用して、徴兵忌避に奔走した例からも、それが「天然の理」、当然のこととして人々に受け入れられたわけではないことがわかる。血税一揆は明治六年に十七件、明治七年に二件で、同年の一件を除く十八件は全て西日本で起こっている。この点について、「明治六年の農民一揆全体が西日本に多かった」という偏りを、「この地方一帯に旱魃《かんばつ》があり、それが一揆の一般的要因となっていることを見逃してはならない」という指摘がある。すなわち「血税一揆の本質は、それが『血税』と特殊化されたところにあるのではなく、当時の一揆の一つのきっかけにすぎない」というのである（田中彰『日本の歴史』二四）。徴兵反対が、要求として掲げられていた一項目に含まれているのが血税一揆ということになる。

「何鹿郡徴兵反対大一揆」

京都府何鹿郡《いかるが》の事例でも、それは同様である。この事例は、当時はじめて作られた全国統一戸籍とそれに伴う大区小区制の区割りの中で、波状的に「強訴《ごうそ》」が行われ、終結（各地区で人々が集結するのみで解散）に至った。それぞれの地区の要求項目には、風俗統制が含まれているため、この際の地区ごとの情勢と要求を少々詳しく紹介しよう（京都府総合資料館編『京都府百年の資料』四）。

①明治六年七月二十三日、何鹿郡第一区九ヵ村の区戸長《こちょう》を除く人々が、稲の「虫送り祈願」と称して大原神社へ徴兵令ほかの反対項目を掲げ集結した。戸長の通報を受けた官《かん》吏《り》が村に戻った上で嘆願書を提出するよう説得したが、一同は河原に移動した。翌二十四日には、七〜八百名に達したため、大阪鎮台《ちんだい》へ出動要求を行なったが、同日午後七時頃解散した。この際の要求事項は、「裸体免許」「小学校入費出金方差別」「徴兵赦免」「社倉籾《しゃそうもみ》昨年之分当秋迄備へ延引」であった。

②同年七月二十四日、今度は何鹿郡第十区第十一区の村民が下八田村氏神境内へ集結したが、派遣された官吏の説諭により午後十時頃解散。しかし翌日午後四時頃から五百名ほどが集結し、二十六日まで続いた。嘆願内容は「徴兵断《ことわり》之事」「裸体宥免《ゆうめん》之事」「社倉籾積立方之事」「出火贖罪《しょくざい》金差免《さしゆるし》之事」「牛《ぎゅう》馬《ば》牽網《ひきづな》之事」「諸軍上金之事」「斬髪の事」「証券印紙之事」の八項目であった。

③同年七月二十六日、同郡第三区で「火焔を揚げ人数呼集し騒擾《そうじょう》の萌《きざ》し」があったため、邏卒《らそつ》百名の主張要請と陸軍の出動要請がなされたが、二十七日未明解散した。

④同年七月二十七日、同郡第四区の村民も五、六百人集結したため、区長を伴って説得し、ここでも願書提出を促したが、なかなかまとまらず、二十八日午前一時に至って「悉く帰村鎮定に及」んだ。二十九日に提出された要求事項は、「学校入用金」「社倉籾其村々にて預り置く事」「徴兵」「地券税金」「田畑御上納の外諸税金御《お》断《ことわり》（後略）」「新平民改《あらため》穢多」「酒直《ね》段《だん》先例之通御上納御直段割之事」「火元罪金御断」の六ヵ条であった。

このように各村々での要求は重複するものも多いが、その要求は別々になされた。これらの要求については、後日京都府が「各区願目」に答えている。これらのうち徴兵、地券税、田畑上納以外の諸税、牛馬売買、火元罪金、新平民改称などは許されなかったが、裸体と断髪には以下のような措置がなされた。

裸体免許については、「裸体は病気を生《うみ》候《そうろう》而《の》已《み》に無之《これなく》野蛮の風《ふう》にて国辱となるを以て制せらるゝことながら、市郡の違ひ時と所とに因《よ》り差別有之《これある》ことは勿論の訳に付、山間等にて一時汗拭の為め衣を解く類は黙許すべき旨」とされ、断髪については「勝手次第たる可し、乍然《しかしながら》半髪は虚飾にして実形ならず、断髪は便利なるべき旨」（傍線は筆者による）とされた。

農作業ほか、日本の温潤な気候の中、作業をする人々にとって、裸体禁止は一揆の要求事項にあげうるほど、重要な事項であったのである。一方、「文明開化とは何か」の章であげたイザベラ・バードの感想にもあるように、働く人々の半裸姿に対する外国人の評価は——国辱云々は別としても——必ずしも良いものではなかった。

このように、都市部と比較すると村落部では、風俗統制に対する抵抗は、直接生活に関るものであるがゆえに強固であった。しかし資料からもわかるように、村民たちからの要求内容に対する答えは、官吏、区戸長を通じてその理由とともに「説諭」され、村民たちはそれに従うしか選択肢はなかったであろう。しかも翌八月二日に首謀者二十二名は逮捕、翌日裁判所へ引き渡された。さらに後に処分者は四百八十名を超えたという（京都府立総合資料館編『京都府百年の年表』四）。

村落部での風俗統制はなかなか浸透せず、「地方の情勢に従い」「黙許」する余地が認められた。では都市部での風俗統制はどのような過程を経たのであろうか。次に、都市部での統制のあり方を情報（新聞）の側面から検討してみよう。

徹底と理解――地方都市への浸透

新聞報道の果たした役割

明治四年（一八七一）に京都府による新聞社創立の伺《うかがい》に対して通知された「新聞紙条例」（明治四年七月十九日）では、冒頭の三条で次のように定められていた（松本三之介・山室信一校註『日本近代思想大系』一一）。

一、新聞紙ハ人ノ智識ヲ啓開スルヲ以テ目的トスベシ。
一、人ノ智識ヲ啓開スルハ、頑固偏隘《へんあい》ノ心ヲ破リ文明開化ノ域ニ導カントスル也。故ニ内外ヲ問ハズ所有ノ事実ヲ記シ、博《ひろき》ヲ約《つづま》ニシ遠《とおき》ヲ近フシ、以テ観者ノ聞見ヲ広メ国家為治ノ万一ニ裨益アランヲ要ス。

一、政法職制ノ沿革、百官庶司ノ昇降、土地人民ノ分合増減、号令、法度、軍事、刑法ヨリ、天変地異、風雨水旱《すいかん》、疾疫《しつえき》、盗賊、豊凶、生死、又ハ農工商販ノ諸業、貨幣物価ノ高低、造工新器、学芸詩歌、衣服飲食、昆虫草木、薬剤物産、贈答書牘《しよとく》ノ類、其他諸種官報、洋書訳文、海外雑事等、凡《およそ》人事ノ関スル処、物類ノ生ズル処、国政人心ニ害ナキ者、新聞ニ従ヒ記載スルモ妨《さまたげ》ナシ。

同条例ではほかにも、「妖怪不経《ふけい》ノコトヲ説クヲ禁ズ」「雑談諧謔《かいぎやく》、事ニ害ナクシテ人ノ一笑ヲ発スル事等記載スルモ亦《また》妨ナシ。但、淫蕩ヲ導クノ語アルベカラズ」など風俗に関することにも触れ、「文ハ極メテ平易ナルヲ主トス、奇字僻文《へきぶん》ヲ用フベカラズ」として、新聞を広く一般の「開明」に役立たせることを定めている。

この条例は明治六年「新聞紙発行条目」、明治八年「新聞紙条例」（ともに太政官布告）による改正を経る。同じく明治八年には「讒謗律《ざんぼうりつ》」が布告され、これ以降、政府による新聞政策は規制色が強まっていく。

しかし、新聞に国民の「開明」を促す役割は依然として期待されており、政治・言論中心の大《おお》新聞と「『世態雑報』本位の報道・娯楽紙」である小《こ》新聞に分かれても（津金澤聰廣《つがねざわとしひろ》

『現代日本メディア史の研究』）、文明開化を創刊の目的に掲げ、実際に人々の啓蒙を促す役割を果たしたことは、よく知られるところである。

特に小新聞（判型が小さいのでこう呼ばれた）は、総ルビ、口語体を特徴とし、「官庁・役人・教員・士族や豪農・豪商など」に読者をもつ大新聞とは対照的に、庶民を読者に想定して発行されたものであった（佐々木隆『日本の近代』一四）。

小新聞の文体―現代のスポーツ紙

小新聞の成立は『読売新聞』（明治七年）、『平仮名絵入新聞』（同八年）、『仮名読新聞』（同八年）の三紙がまずあげられ、続いて大阪『浪花《なにわ》新聞』（同八年）、京都『西京《さいきょう》新聞』（同十年）などが発行された（津金澤、前掲書）。地方都市への普及は明治十五年以降という説もあるが（同上書）、明治十一年（一八七八）には官報・政論に加え、娯楽記事も豊富な小新聞的要素を強くもつ新聞が各地で発行されている。これらの紙上では、「旧弊」を諧謔的に指弾《しだん》し、開化を善とする「勧善懲悪《かんぜんちょうあく》」的記事が掲載された。「俗人婦女子」を対象とする小新聞の文体を以下に例示するので、「文明開化とは何か」で例示した新聞記事の文体との相違に注意して見て欲しい。

出ました出ました野蛮の珍事…

出ました出ました野蛮の珍事がまた出ました。所は壱岐《いき》の国蘆辺浦《あしべうら》の豪商何某《なにがし》は、同国郷《ごう》の浦《うら》の豪家何某の次女（十六年）なるお何さんが容顔《かおかたち》の宜《よ》いのに心を傾け、何《いつ》しか情けを通はせしが、末は夫婦《ふうふ》と互ひに交した言葉を反故《ほご》にはせじと縁談の事を咄《はな》し合ひ、貰ひに懸ると親が承知せず、余儀なく十日二十日と日を暮らすうち娘は内を竊《ひそ》かに抜け出て二里計《ばかり》の道を夜道も厭はず男の方《ほう》に至りしかば、内の親爺やお袋は娘が内に居ないとて大騒、蘆辺をさして鳴き渡る鶴《たづ》にはあらぬ娘の行衛《ゆくえ》漸く見付け出だせしかばヤレ安心と言ふ間もなく、又もや二月二十日の夜娘が内を駆け出したので、諸々方々訊《たず》ぬれば蘆辺浦の或る士族の家に隠れて居たるよし。従来同国の弊風（豊後抔此《ぶんごなどこの》風尤《もつと》も多し）にて娘を貰ふに何か障《さわ》りありて貰へぬ時は、若者連中に頼み娘の外出を窺《うかが》ひ、盗取つて男の方に連れ行き無理と男に連添《つれそ》はするなり。此度の手も当人同士は盗もう盗まれ様と相談して斯《か》くなりたれども、親許では遣るの遣らぬのと悶着して居ると聞きましたが、親の許さぬ婚姻は焼継物《やきつぎもの》と同じやうに末は必らず離れるものでありますとサ。

これは、長崎で発行された『隔日西海新聞《かくじつさいかいしんぶん》』の明治十一年四月十三日（第四百六十七号）の記事である。このような世俗の記事は「雑報」として主に第二面以降に世俗の短信記事として掲載されている。

いわゆる駆落《かけお》ちの風俗を「野蛮の珍事」と表現し、次のような結論を導く。「親の許さぬ婚姻は焼継物と同じやうに末は必らず離れるものでありますと」。焼継物とは現在でいえば溶接した器具となろうが、このような親の言うことは聞くべき、というような話の落としどころ、いわゆるおちは、幕末の戯作者層《げさくしゃ》がジャーナリズムへ転身した結果作られた風であるとの指摘がある。すなわち「単なる雑報娯楽情報を実用的に転化する技術として採用された（中略）記事内容における事実性の尊重及び勧善懲悪イデオロギーの添付」であり、それはすなわち「天保《てんぽう》の改革以来、お上の意にかなうため用いられた常套《じょうとう》的な戯作技法の復活にすぎ」ない、と津金澤は論じている（津金澤前掲書）。

しかしこの技法は、同時にわかりやすくかつ面白い情報として、小新聞の読書層である庶民の「教化・統制」の一環として現実に機能することをも可能にしたと考えられる。

違式詿違条例の地方への浸透

この事例もやはり『隔日西海新聞』の記事である。結婚式にかこつけて村人が行なったいたずらが、訴えられて罰金を取られた、というものである（明治十一年三月二十九日『隔日西海新聞』第四百六十一号）。

習俗の変じ難く愚夫の諭し難きと古人の云へるも、真《まこと》に宜《うべ》なる哉《かな》。違式詿違《いしきかいい》の御布告も度々聞けど失忘し、二月十五日第二十三大区御厨《みくりや》村何某（姓名は御預かり）第二十一大区猪調《いつぎ》村何某宅へ（姓名は御免）婿入し来《きた》る。近所の耕夫《ひやくしよう》両名《ふたり》申談じ何んでも御祝儀に水を一杯上げ度《たい》と花婿の帰路を要し通るや否なや頭上より灌《そそ》ぎ掛くれば、四月八日の御釈迦《しやか》の如く美々たる花婿（員《（ひいきカ）》てはない）、犬の雨に濡《ぬれ》たる如し。面目無きぞと額に青筋立て憤怒《いから》るれとも詮方《せんかた》なく、其場は夫《そ》れで笑艸《わらいくさ》。跡《あと》で巡査に出訴《しゆつそ》され、二月二十五日に両名《ふたり》の耕夫《ひやくしよう》警察分署に召《よ》び出され、何日《いつ》も違式詿違を犯せし覚えなし何事ならんと吃驚仰天《びつくりぎようてん》慄ひわななき出頭すれば、前方《まえかた》御祝ひに水掛けしことを御糺弾相成り、終《つい》に罰金として金三十銭申付られし由。兎角《とかく》注意を為《せ》ぬと御例が無礼となりますぞ。

ここで注意したいのは、このような花婿への行為は、従来であれば「問題」にできないものであったと予想される点である。ここには、古い文化を旧弊とする新しい価値によって、意義申立の手段とする人物が描かれており、地方における違式詿違条例の浸透のあり方の一つを見ることができる。文明開化は、従来の風俗に対する意義申立ての機会を人々に与えることもあったであろう。単に「上からの」改革に従うのではなく、条例を通してあらたに自己主張するような自発的な利用も行われていたことが、この事例から読みとることができるであろう。

庶民の自衛策

違式註違条例を利用する上述のような例は別として、多くの人々はむしろ違反を知らずに犯してしまうほうが多かったようである。その自衛策として利用されたのが違式註違条例の註解本であり、図解本であった。

難解な表現

しかしこれらの本が、当時都市部（地方都市も含む）を中心に、さかんに発行された背景にはもう一つの理由がある。明治初期の日本語表現の特徴として、漢語が多用され表現が難解であったばかりか、法令が文字通り毎日のように布達されたために、「人民側は、法令攻めに遭ひて、苦し」んだという。「明治維新後、官令布達の類雨のごとく下り、それがまた、いづれも難字を陳《つら》ね、佶屈《きっくつ》の文章ならざるはなく、知識階級以外の物には、とうてい了解さるべきものにあらざりし」状況ゆえに、『御布告いろは節用《せつよう》』『布告字類図解』『漢語自在　御布告往来』など、布告を読むためのさまざまな字典類が出版された程であったという（石井研堂『明治事物起源』二）。しかも「毎日のやうに頻出する新法令は、一般国民に熟知せしめなければならず、新令の出るごとに、支庁村落の要所要所に張り出すか、一戸ごとに廻達させたれども」徹底せず、「まつたく読まれざる法令」もあったのであろう（同上書）。

違式詿違条例も、字の難解さについては例外ではない。同条例が生活全般に関わる法律であったにもかかわらず、当時の人々にとって、条文には理解し難い表現が多かったようである。そのため、日本各地でさまざまな違式詿違条例についての解説書が発行された。

これらの解説書では、註解書として条文の内容と、全てではないが、その規制理由が文章で解説されていたほか、絵図を付すことによって理解を助けようとする解説書も多く出版された。このような挿絵《さしえ》入りの解説書は、『違式詿違条例図解』『御布令之訳《おふれのわけ》』などの題目で一般に売り出されたが、条例の文言とその罰則事項を表現した図から構成されていた。さらに同条文の文言には、読み手の理解を助けるために左右にふりがながふられているものも多い。たとえば「違式詿違条例」を、文の右側に「ゐしきかいゐでうれい」、左側にれている。

「おもきつみかろきつみのかでう」というように、意味を簡単に言い換えた語句があてられている。

『違式詿違条例図解』については、近年注目され多くの研究があるが、筆者はかつて、同図解を近代における「法令解説マンガ」との位置付けで図解表現を分析した（百瀬　二〇〇五）。これらの図解表現は、前述した新聞と同様、おそらくはそれ以上に同条例に対する庶民の理解を助ける手段になったのではないか。同時にまた、当時の風俗やその担い手たちの文化観を垣間見ることのできる貴重な資料でもある。ここでは主に国立国会図書館に所蔵されている資料を中心に、その表現をいくつか紹介しよう。

規制の対象―「幼童愚夫愚婦」

『違式詿違条例図解』の存在は、すでに前述の石井研堂の『明治事物起源』（明治四十一年初版）において、「違式詿違条例」の項目で紹介されている。石井は同条例の表現が難解な点について、「本条の本質が幼童愚夫愚婦《ようどうぐふぐふ》相手なるにかかはらず（傍線は筆者による）」、その文面が「今日の中学卒業生くらゐの読書力にては、解釈しがたきほどの文章なので、当時、絵入りの俗解本が、数種発行されき。注解の俗文がなければ、分からない、大衆向きの条例とは厄介なる話なり」と当時の状況を皮相的に述べている（石井研堂『明治事物起源』二）。

また『日本近代思想大系』における同条例および図解の解題中には、「国民強化を進めていくための思想伝達の方法として（中略）絵解《えとき》が果たした役割の大きさに注目してよかろう」との指摘がある（小木他編『日本近代思想大系』二三三）。当時は字の読めない人も多く、子どもや当時の市井《しせい》の男女にとって、違式註違条例の条文が理解しがたいものであった事は想像に難くない。このようなことから、図解の需要は多かったのであろう。東京・大阪・京都・名古屋ほかの都市部を中心に、『違式註違条例図解』が何度も版を重ねて出版されている。

注解・図解発行の目的

先に指摘したように、生活一般が取り締まりの対象となったことから、当時の人々にとってまず同条例の内容を知る必要があった。明治九年（一八七六）に大阪で発行された図解の発行の辞では、「未ダ御布告読得サル者或ハ意味解セザル者有テ他日過テ条例ニ触ルル者有ラバ実ニ愍然《びんぜん》ノ至リナリ」という状況を示した上で、左右にふり仮名を付し、「婦女子ト雖《いえど》モ解易《わかりやす》カラン為《た》メ毎《ことごと》ク図解ヲナス」に至った弁が述べられている（浦谷義春註解『御布令之訳』）。

明治十年京都で発行された『御布令《おふれ》違式註違図解』には、その冒頭に「自由」という新しい概念を用いて発行の目的を記している（木村信章註解『御布令違式註違図解』）。

夫《それ》違式詿違ノ条例ヲ立ツルハ文明政体ノ一端ニシテ、国法ヲ遵守《じゆんしゆ》シ他人ノ自由ヲ妨害セズ、且《かつ》自ラ自由ヲ保護スルノ美事《びじ》ナリ。或ハ愚夫愚婦ノ輩暴行ヲ認テ自由トシ、義務ヲ指シテ自由ヲ損ストシ、此条例ヲ見テ人ヲ苦ムト云ヒ、贖金ヲ聞テ民ヲ虐《しいた》クトイフガ如キコト有コトナカレ。今ヤ文明日ニ進ミ万民以《もつて》条例ヲ受持スルニ至ルハ、実ニ欽慶スヘキコトナラスヤ。

これらは都市の例であるが、地方ではさらに文盲は多かったであろう。『岐阜県違式詿違条例註解』では、「夫此条例ノ施行アルヤ其習俗ヲ除去シ、且ツ人民ノ産業営生ヲ保護シ他人ノ妨害ヲ受ケザラシメンガ為ナリ。（中略）然リト雖モ山間僻地ノ民読ム能《あたわ》ズ、又解ル能ザルヲ以テ茫然トシテ犯ス者アルハ、我輩ノ最モ忍ビザル処ナリ。故ニ一々注釈ヲ加ヘ、且ツ其下ニ図解ヲナシ以テ読ミ易ク解リ易クシタレハ生業ノ暇ニハ必ス熟読詳味シ知《しら》スシテ罪ヲ得ルノ憂ナカランヲ要ス」とその状況を伝えている（人見鋭太郎『岐阜県違式詿違条例註解』）。

図解の利用法

ではこの図解はどのように使用されたのであろうか。それはたとえば冊子状のものであれば、「戸毎ニ一冊ヲ求メ常ニ老少相戒メ」るというように家庭の「座右《ざゆう》の書」として繰り返し読むというものや、「壁障子《しょうじ》等ニ粘《は》リ置煙草一吸之暇モ有ラハ是ヲ眺テ自然心魂ニ徴蔵」するという、あたかも受験生のような暗記法が示されている（倉田信一謹誌『違式詿違条例』）。

それは日常的に違反（罰金、体罰刑を含む）がなされていたからこその、一般庶民の自衛策であったとも考えられる。ところで、壁に張って暇を見つけては覚えるというような努力を必要とするほど、違式詿違条例による日常的な取り締まりは深刻なものであったのであろうか。毎日数百名の違式詿違犯が出るような横浜などの開港場のような都市部はともかく、これも都市部と地方では大きく異なっていたであろう。

新しい事物への悪戯

違式詿違条例では、子ども（や大人）が行う悪戯《いたずら》や遊びも取り締まりの対象となった（図7）。特に明治維新以降町に現れた、電線やガス灯、掲示場などの新しい事物への悪戯は、都市部を中心に禁止されている。

図8は往来の号札・家々の「番号名札」への悪戯、図9はガス灯の火を消したり、石を投げて破損する行為が描かれている。大人も子どもも、これらの悪戯をする様子が描かれている。一方、官報や布告を通達する掲示場の破損についての図では、それを行うのは大人も多い（図10）。

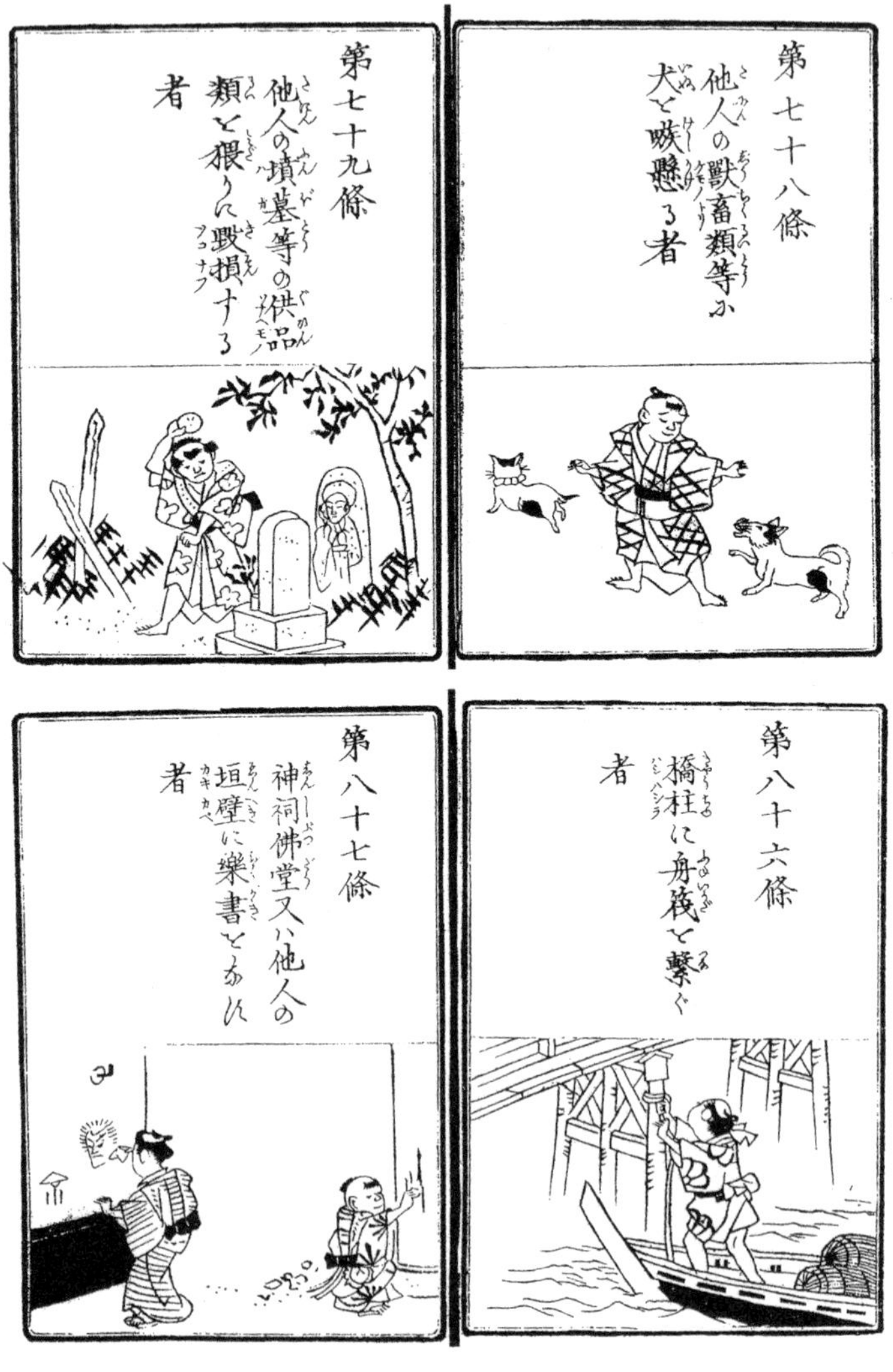

図７　こどものいたずらの例（ただし，下図第86条は大人が描かれている．遠藤喜道編輯『違式詿違御条目図解全』明治７年〈東京〉）

図 8　「番号名札」へのいたずらの図
（細木藤七編『挿画違式詿違条例全』明治11年〈東京〉）

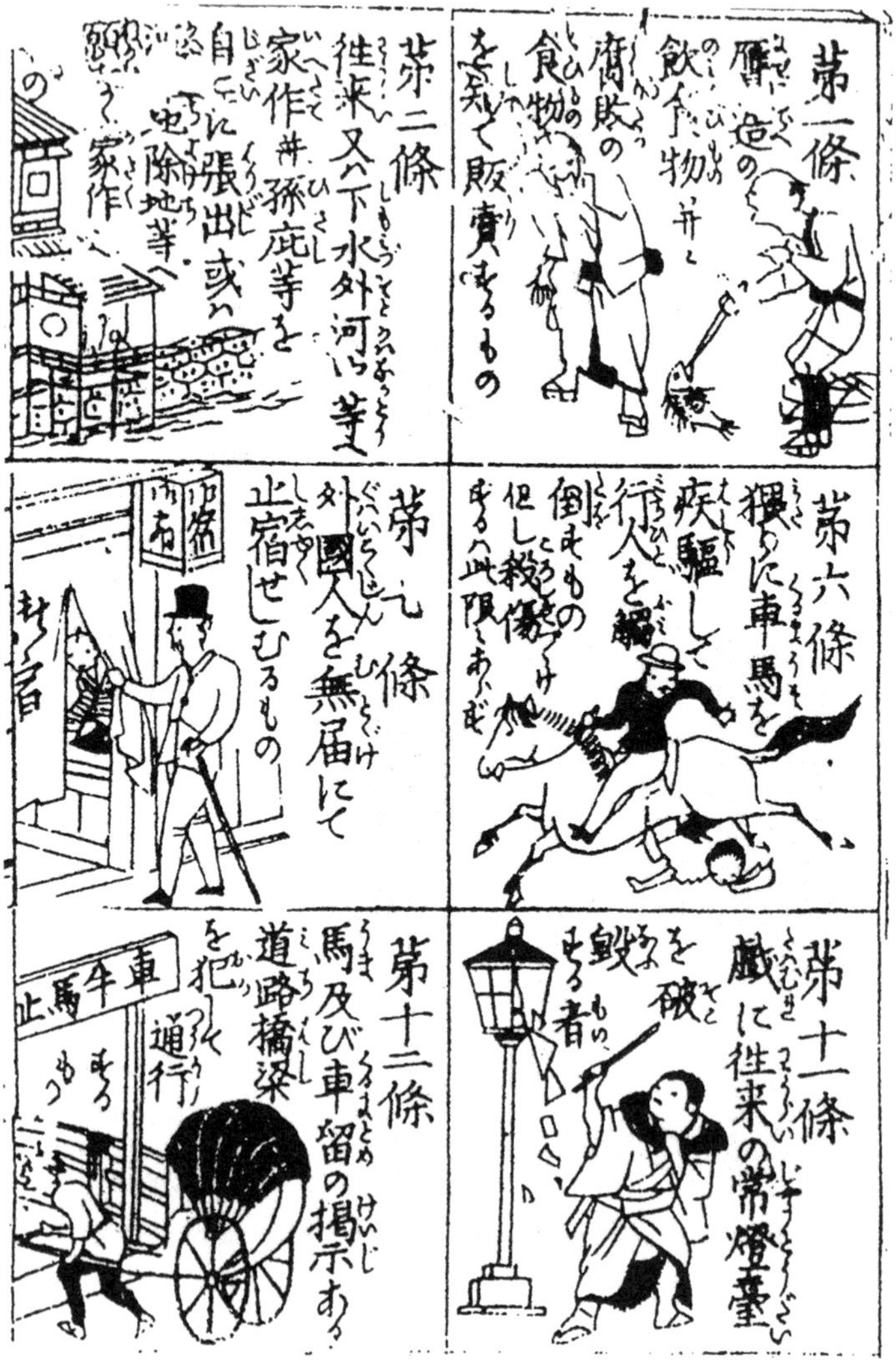
第一條
贋造の飲食物并ニ腐敗の食物を知て販賣するもの
第二條
往来《わうらい》又ハ下水外河岸等え家作《いへさく》并孫庇《ひさし》等を自己《じざい》に張出或ハ官除地等へ
家作
第六條
猥りに車馬を疾驅して行人を觸倒もの但し殺傷するハ此限にあらず
第七條
外國人《ぐわいこくじん》を無届にて止宿《ししゆく》せしむるもの
第十一條
戯に往来の常燈臺を破毀する者
第十二條
馬及び車留の掲示ある道路橋梁を犯して通行するもの
止馬牛車

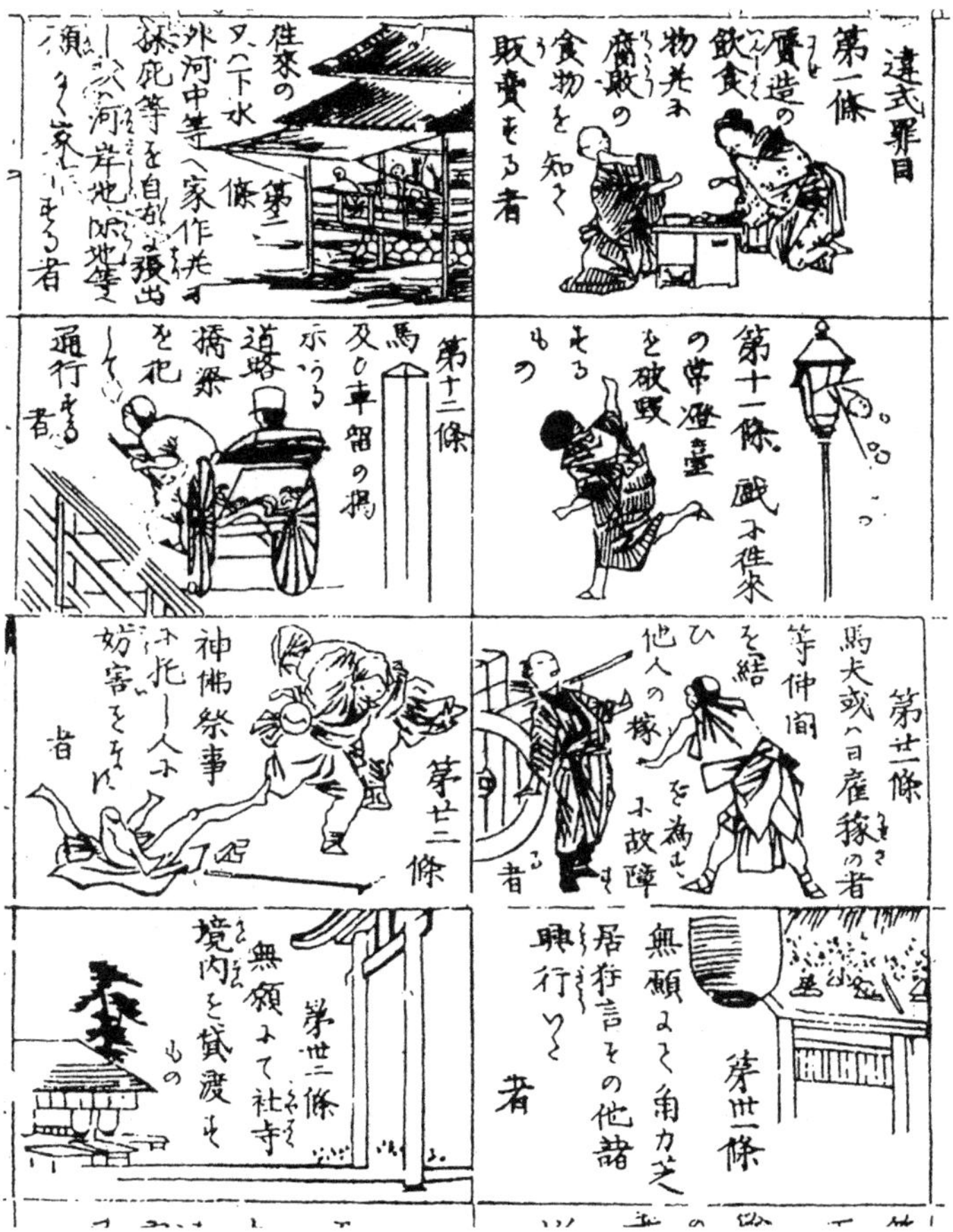

図９　「常灯台」へのいたずら（第11条．〈前頁〉浦谷義春註解『御布令之訳』明治９年〈大阪〉，〈上〉前田喜次郎編輯『違式詿違図解』明治９年〈大阪〉）

図10　掲示場の破損（今江五郎解『御布令違式詿違図解全』明治11年〈名古屋〉）

他にも往来での花火、凧《たこ》などが禁止されたが、特に後者は電線に引っかかるという理由からの規制であった。

「醜体」とされた項目

断髪と男装・女装

男性に続いて断髪する女性の行為が社会問題化し、違式詿違条例においても女性の断髪が禁止されたことはすでに述べた。京都で発行された『御布令違式詿違図解』（明治十年）には、そこでは女性の「いわれなき断髪」が以下のように説かれている（図11）。「散髪は男子にては養生《ようじょう》其外の功多しとす。婦人も同じ事なるべけれども世界万国此例なし醜体の一なり」（第五十八条、木村前掲書）。「文明開化とは何か」でも記したが、往時「一般常識」とされた男性の女性へのまなざし（評価）は、世界の評価を持ち出すことによって、より強固な根拠を持ちえたのであろうか。このように世界と比較して国内の女性の風俗を批評する論法は、現在でも見られるが、批判す

第五十六條
馬車《ばしや》及ひ人力
車荷車《にくるま》等を
往来《わうらい》ヘ置き行人の
妨《さまたげ》となりし及ひ牛馬《ぎうば》を
街衢《がいく》ヘ横タヘ行人を妨げし者

第五十七條
禽獣《きんじう》の死したる者
或《あるい》ハ汚穢《をわい》の物を往
来等へ投棄《とうき》する
者
○汚穢ハきたなき物をいふ

第五十八條
婦人《ふじん》にて謂《いはれ》なく断髪《だんぱつ》する者
○散髪《さんぱつ》ハ男子《だんし》にてハ養生《やうじやう》其外《そのほか》の効《こう》多《おほ》しと
婦人にも同じかるべけれども世界萬國《せかいばんこく》此例《このれい》なし醜体《しうたい》の一なり
但し京坂《けいはん》の風俗《ふうぞく》ハ頭上《づじやう》をおもやませ養生に背《そむ》けり東京《とうきやう》の風《ふう》ハ良《よ》し
京坂も百余年前迄《まへまで》ハカモメツトと云ひて東京風に似《に》たるとぞ又鬢附《びんつけ》を用ひざるハ益《まさ》りよし

図11　女性の断髪の禁止理由
（木村信章註解『御布令違式詿違図解』明治10年〈京都〉）

べき事象が「醜体」と表現されている点に注意したい。

男装・女装もやはり「醜体を露わす」と条文では記されている（図12）。醜体とは、「おどけの甚しきものを云」うと説明したうえで、その禁止理由に「男女の容《かた》ち別なきは淫奔《いろごと》の端《はし》ともなるべし」をあげている（同上書）。いわゆる男らしさ・女らしさという当時の規範を越える行為ばかりではなく、セクシャルな事象が規制の対象になったことがここから理解される。違式詿違条例では、蛇遣い・男女相撲の見世物が禁止されたが、これらもセクシャルな見世物として興行されていた（図13）。

野蛮の俗―混浴・裸体・入墨など

往来での裸体や混浴もさまざまな形で描かれている（図14、15）。最もわかりやすいのは、図16のような、混浴そのものの様子を描いたものである。また条例の内容を分類しつつ、一つの情景として見せる図17のような例もある。

一方入墨についての表現は、男性が背中を見せて座っているパターンのものが多いが、図17右下のようにその禁止理由は、「野蛮の俗」「文明国にあるまじきこと」と明確に記した例もある。

以上、違式詿違条例の図解を紹介した。これらは条文の説明のみではなく、当時の風俗

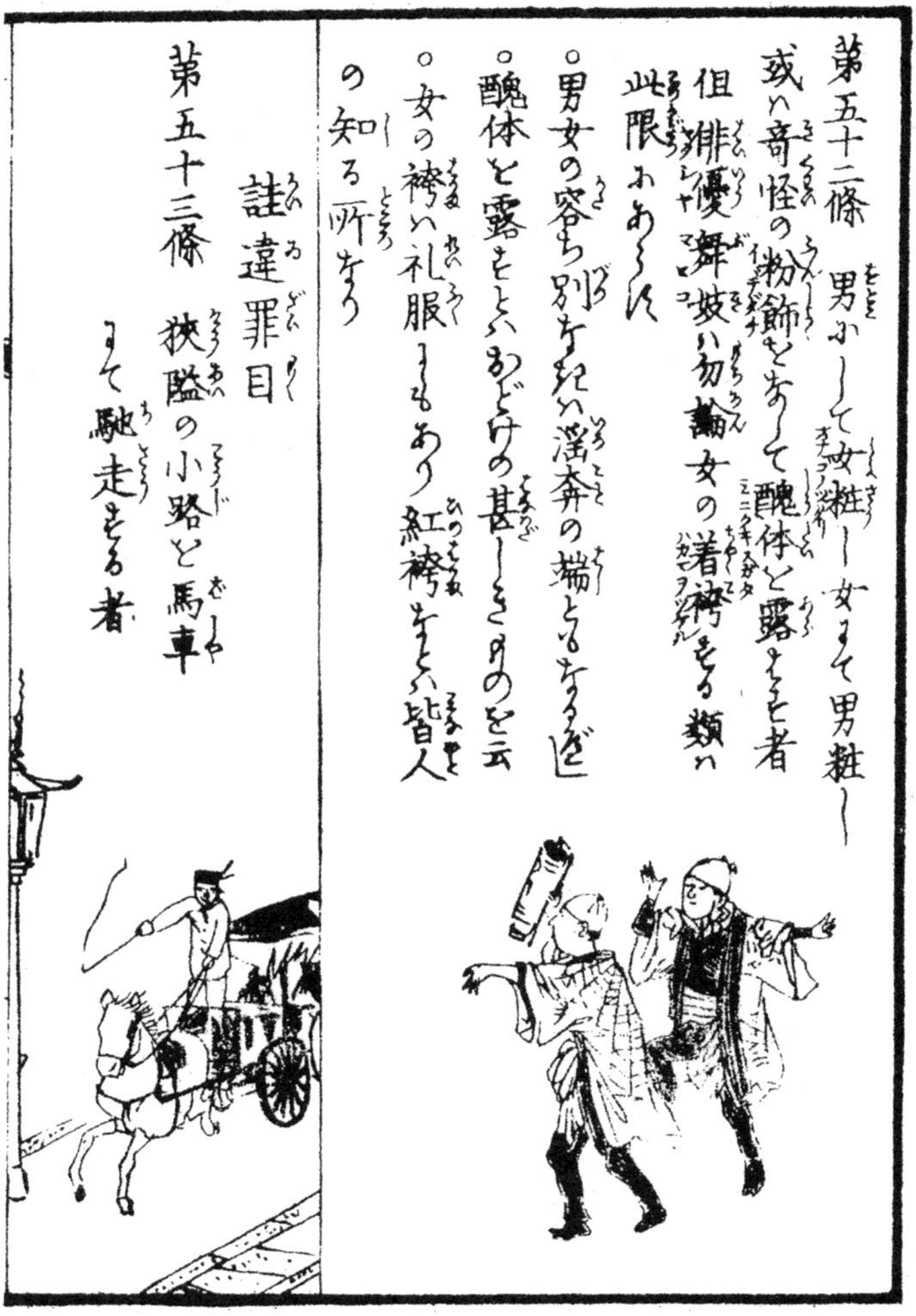

図12　男装・女装の「醜体」
（木村信章註解『御布令違式詿違図解』明治10年〈京都〉）

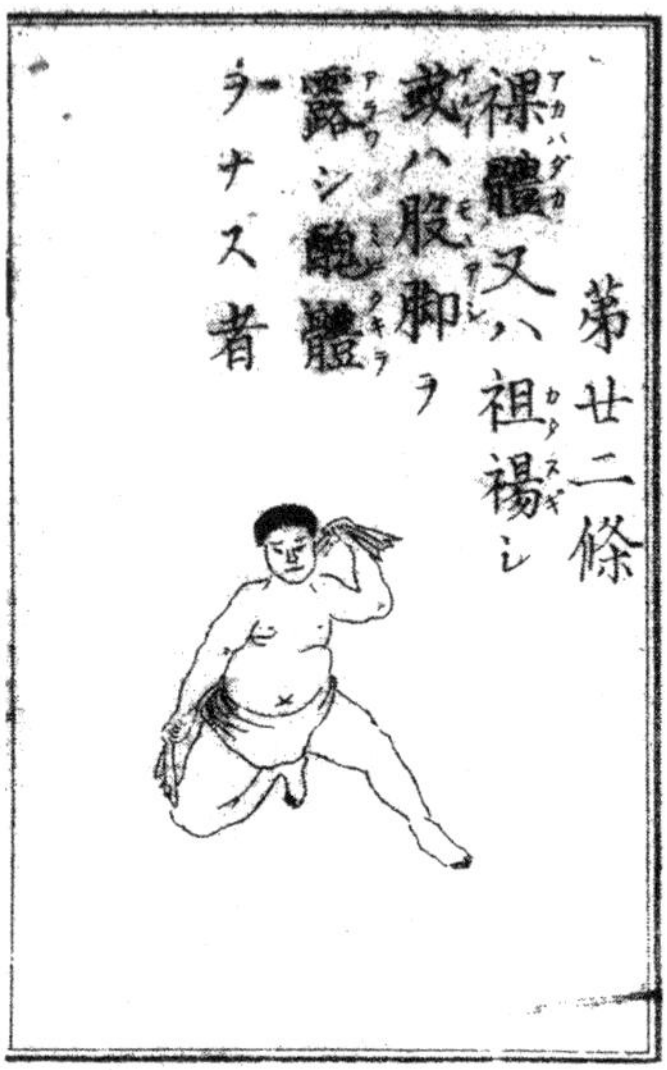

図13　蛇遣い・男女相撲などの禁止（遠藤喜道編輯『違式註違御条目図解全』明治７年〈東京〉）

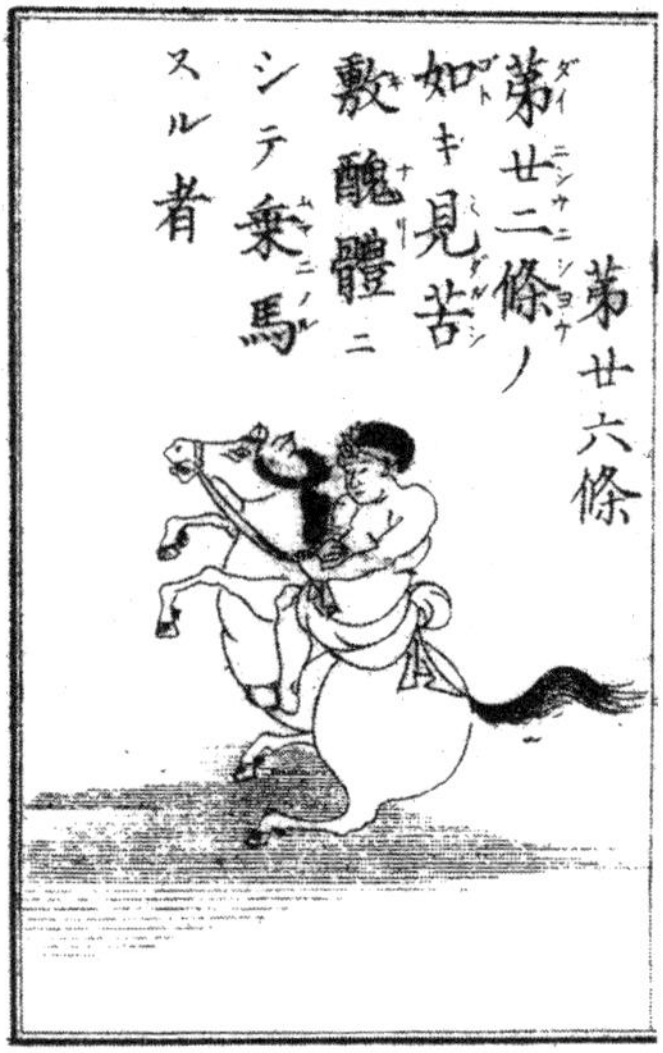

図14　裸体の禁止（左上・下，細木藤七編『挿画違式註違条例全』明治11年〈東京〉）

図15　裸体・混浴の禁止
（今江五郎解『御布令違式詿違図解全』明治11年〈名古屋〉）

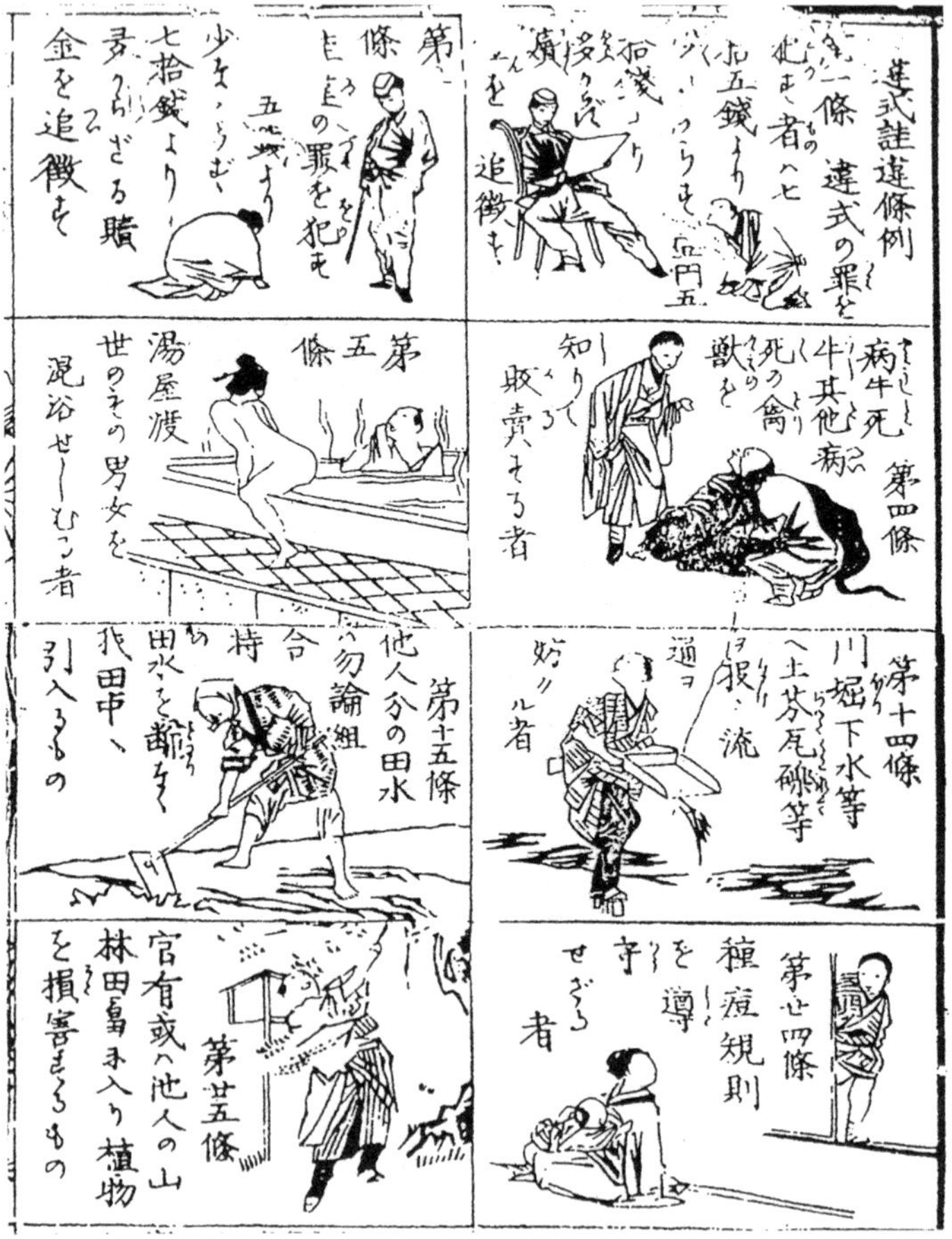

図16　混浴の禁止（第５条，前田喜次郎編輯『違式詿違図解』明治９年〈大阪〉）

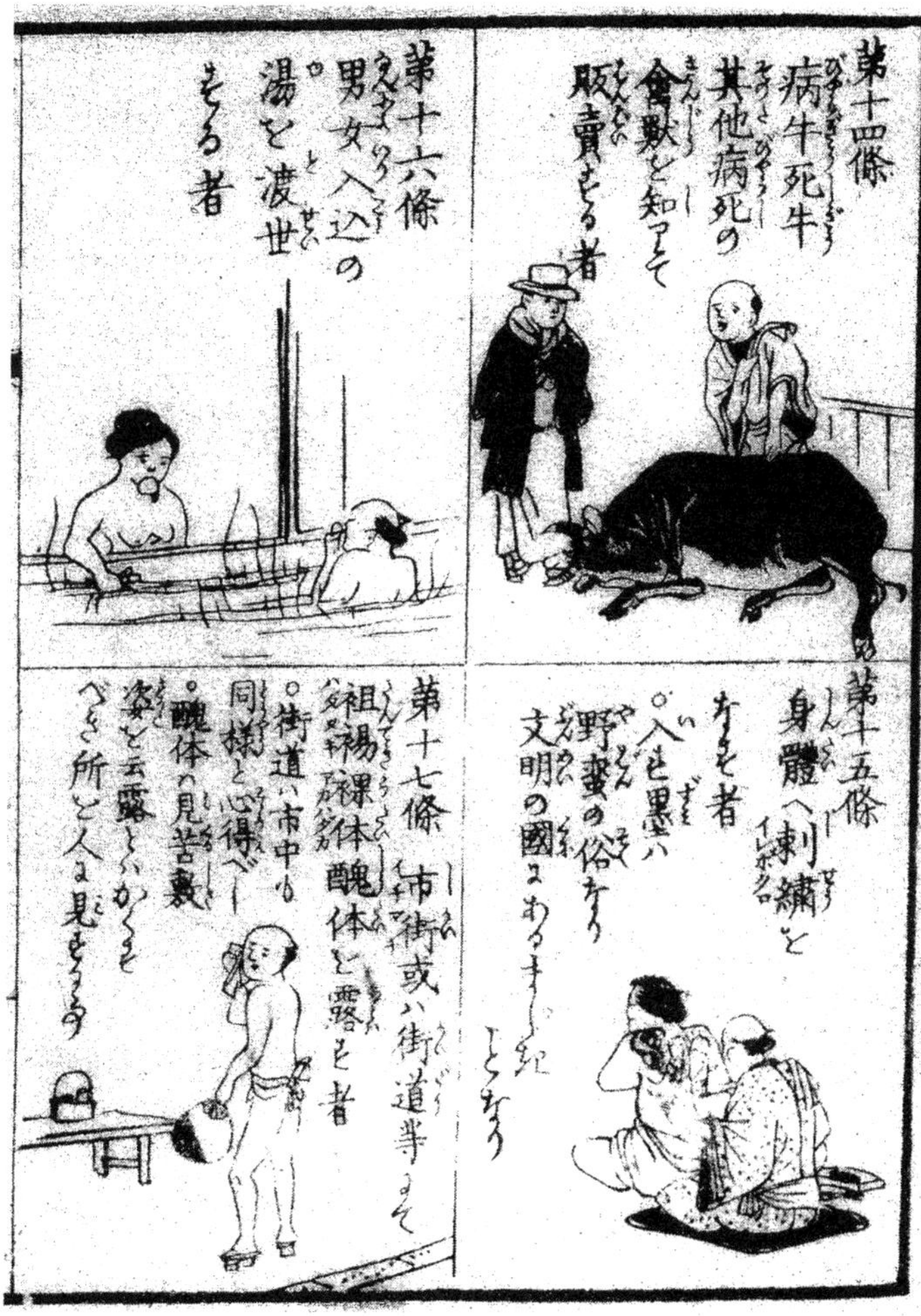

図17　入墨・裸体の禁止理由
（木村信章註解『御布令違式詿違図解』明治10年〈京都〉）

が描かれている点で、我々にとってもその当時の社会に関する理解を助ける良い資料となっている。

「理解」の浸透

文明開化は「上からの」開明専制策といわれている。違式註違条例で統制された風俗に関する項目は人々になかなか受入れられなかったばかりか、一揆の決起理由とまでなったものもあった。当時はまだ都市部と村落部、地方での「風俗情勢」は根強く残っており、近世以前からの異議申立て手段も生きていた。

文明開化政策が終結し、日本はその反動からナショナリズムに陥ったと指摘されているが、一方で教育その他の場を通して「旧弊」をさける考え方は徐々に浸透していったようである。ここではその浸透の事例として、後に文明開化を回顧しそれを評した資料として、『神戸開港三十年史』に記された混浴に関する記述を紹介する。同書では「文明開化宗」として、当時の様相を評している。

一旦《いったん》旧社会の解体するや、新社会の秩序は未だ成らず、一時混乱紛糾の世態を現世せし時に方《あた》り、西洋主義を懐抱せる世の先輩が、熱心鼓吹《こすい》せる自由平等論と、維新政府の方針と為したる、文明移植の政策とは桎梏《しっこく》社会より解放されたる国民によつて、恰《あたか》も元旦の太陽が、只訳《ただわけ》もなく満悦を以て迎へらるゝが如く、迎へられき。此《ここ》に於て旧例古格《こかく》は排除され、旧社会の風俗習慣は野蛮的として打破せられ、人心区々に別れ、運動個々に離れ、各々其為さんと欲する所を為し、其適《ゆ》かんと欲する所に適けり。（中略）即ち文明論者の鼓吹の目的と、維新政府文明移植政略の希望とは、着々其目的を達し得たり、否な、余りに能《よ》く其目的を達せんとせり。（中略）而《しこう》して上の好む所は下之れより甚だしき者ありて、急進突飛なる文明移植政略は、世を挙げて文明開化宗の信者とならしめ、一にも文明二にも開化、不理屈も西洋学者の説なりと詐《いつわ》れば是認され、悪弊風も西洋流儀と称すれば首肯《しゅこう》さるゝの風潮を来し、間々《まま》採長補短《さいちょうほたん》の義を唱へて、警告する者あるも傾聴《けいちょう》者なく、玉石混淆《ぎょくせきこんこう》、薫蕕《くんゆう》、一器、西洋の事物は文明開化の商標を以て、移植し採取せられたり（『神戸開港三十年史』下）。

同書ではこのように当時の風潮を分析する記述があるが、一方「旧弊」とされた混浴については次のように記している。

第百二十九節、市中風俗取締を厳重にす。

土木工事の天地、貿易振興の天地となりたる時に於て、市中は大に繁栄し、下層社会の多数人は、極楽の天地なりと思惟《しい》したり。随《したがい》て賭博《とばく》の流行、淫穢の気風を長ず。去《さ》れば風俗取締の如きも、此時頗《すこぶ》る厳なるに至り、先づ男女混合の洗湯は禁ぜられぬ。蓋《けだ》し此頃市中の洗湯は、構造恰《あたか》も蒸風呂の如く、湯槽は閉ぢ切られて入浴者戸を排して入る、内に蒸気充満して朦朧《もうろう》人顔を弁《べん》ずべからず、之が為めに往々婦女に対して礼を欠けるの悪戯等を為す者あり、且つや男女混淆《こんこう》の弊は、間々獣欲挑発の媒介となり、淫風を誘ふて痴情の紛議を醸さしむ（『同上書』。傍線は筆者による）。

明治初期、混浴によって起こらない（のが不思議であると外国人に言わしめた）とされる、「痴情の紛議」がここでは混浴禁止の理由とされている。おそらく同書の著書は、統制理由などからこの禁止「理由」を記したのであろうが、これを文明開化以来の「成果」とみるのは、皮肉に過ぎるであろうか。

以上、考え方をも含む西洋文化の浸透と考えられる事例を紹介した。次の「北海道における風俗統制とアイヌ」では、風俗統制を通じて国内の他者であるアイヌに対して当時どのようなまなざしが向けられたのか、という点についても検討していこう。

北海道における風俗統制とアイヌ

北海道での施行

規制基準の多重性

これまでみてきたように、文明開化の時代に規制「矯正」された文化要素には、「文明」対「未開」（あるいは野蛮）という対比の中で、後者に位置付けられたものが多いことがわかった。そして、このような文化の度合を測る基準には、西洋人——すなわち西洋に代表される異文化——による評価と日本人の判断による二重の基準の存在が示唆しうると述べた。

また、本書では「日本人の判断」を「自己規制」であるとも記した。「自己規制」としたのは、外国人によってまだ批判されていない場合でさえも、「外国人が野蛮と判断するであろうから」という理由で、まるで先回りをするかのように規制されることも実際に起こったためである。

ただし、当時の人々すべてに、このような規制やそれに関わる考え方が歓迎されたわけでは、もちろんない。すでに記したように、このような規制の中には、民衆の反発を招いたり、明治維新後の一揆の決起理由にあげられていたりしたものもある。

しかし一方で、これらの規制はその考え方（規制理由）とともに、文明開化の風潮の中で広まっていった。子どもたちや若い世代に対しては——やはり近代の産物である——学校教育を通して普及されていった。一般の人々に対しては、大小区の戸長や村落部での副戸長・惣代——警察機構整備後には巡査を含む——などの「日常的取締機構」によって、次第に強化されたと考えられている（大日向純夫『日本近代国家の成立と警察』）。

もう一つの異文化

では、このような二重の基準が国内の「他者」に適用された場合には、どのような違いが見られるのであろうか。北海道には先住民であるアイヌが住み、彼らは本州以南の多くの日本人とは異なる生活をしていた。その文化は、漁労《ぎょろう》や狩猟と採集を中心とする、比較的生産性の低い文化であり、かつてはいわゆる「未開文化」と称されていたものである。このような「未開性」に対して、当時の社会ではどのような判断が下され、どのような措置がなされたのであろうか。

ここで注意しなければならないのは、その際、アイヌに対してなされた規制を確認するだけでは十分ではないことである。それがどのようなものであったかを考えるにあたっては、近代以降、日本「国民」となった本州以南の大多数の日本人——和人——とアイヌが経た歴史を比較することによって、はじめて双方の違いが明らかにされる。

「北海道における風俗統制とアイヌ」では、北海道で施行された違式註違条例の内容とアイヌに対してなされた習俗規制（成人女性が行なった文身《いれずみ》・男性の耳輪、家の自焼《じしょう》や熊送りの儀礼など）双方を比較して、その違いをみていくことにしよう。ここでは比較を行う上で用いるいくつかの言葉を定義するが、まずはそれぞれの集団を表す呼称、「アイヌ」という語と読者にあまりなじみがないと思われる「和人《わじん》」を説明する。

「アイヌ」と「和人」の呼称

ここでは「北海道の先住民」を「アイヌ」、それに対して「本州以南の大多数の日本人」という集団を「和人」としている。この呼称について、

筆者はかつて平成八年（一九九六）に発行された本の中で次のように定義している（スチュアート ヘンリ・百瀬響「社会科教科書のアイヌに関する記述」『中学・高校教育と文化人類学』の「民族呼称について」の項）。この本は現在絶版となっており、手にとるのが難しいと予想されるため、関連部分を引用しよう。なお、補足の（　）部分は、

今回筆者が説明のために書き加えた部分である。

筆者（百瀬）は、日本語の「民族」が歴史的にも意味においても明確化されていない点や、「アイヌ」という呼称が単数・複数両方の場合を示し得ることに加え、他の言葉への言い換えを行うことが、結果的にその呼称に対する差別を温存させることにつながる場合もあるという判断から、使用する民族呼称を「アイヌ」としている（補足…筆者の勤務する北海道教育大学では、授業レポートで大多数の学生が「アイヌの人たち」「アイヌ民族」などの言葉を用いる傾向にある。その理由は、「アイヌ」という言葉が差別的なニュアンスを含む用語であるように思えるという認識から、使用するのを避けるためである。「アイヌ」という語は差別用語ではなく、アイヌ語で「人間」や「男」を意味する言葉であるが、差別的意味合いで用いられた歴史的経緯がある）。

一方で非アイヌの日本人に対する定まった呼称が存在しないということは、日本のなかにおけるわれわれの従前のあり方を端的に表わしているのかもしれない。筆者はかつてある男性から以下のような話しを聞いたことがある。アイヌと沖縄の住民が交流会を開いた際に、彼がアイヌ語では沖縄の人間をどういうのか、と尋ねられたので、アイヌ語では日本人をシサムと呼び、これは「隣人」という意味なので沖縄の人も「シサム」であろうと答えたという。では沖縄ではアイヌを何と呼ぶのかと、彼が尋ねてみると、自分たちのことはウチナンチュウと言い、他はヤマトンチュウと呼ぶと答えたので、「非常に変な感じがした」ということであった。このようにアイヌ以外の「日本人」に対する呼称や概念も相対的、状況的な側面をもち、「単一民族」ではない「われわれ」をどう規定するかという問題を含め、呼称の問題は今後の課題となるであろう。

このエピソードからもわかるように、自分が知らない他者に名前はない。アイヌ系である男性が「ヤマトンチュウ」と呼ばれた（範疇化された）違和感は、容易に想像がつく。そしてこの引用文ですでに指摘したように、大多数の日本人に対する名前（呼称）が、日本語にない――これまで必要とされてこなかった――こと自体が、現在のわれわれの社会や文化の状況をよく表しているのである。

「しなくてはならない」ものかどうか

ここでは、北海道で施行された違式詿違条例と同時期になされたアイヌ習俗に対する禁止令を比較する。この「習俗」という言葉は、一般には風習や習慣（慣習）あるいは「風俗」と同じように用いられ、「ならわし」「しきたり」と言い換えられている。また民俗学辞典や文化人類学辞典にも、これらの語の違いは取り上げられていない。

しかし本書では両者の相違を強調して示す上でも、「和人の風俗」、「アイヌの習俗」と使い分けることとした。これは、「社会規範」と「サンクション」（ここでは社会規範が破られたあるいは順守された場合の、例えば刑罰やほう賞などといった、否定的ないし肯定的な強制力を意味する）の相違によるものである。まずはその相違を、「いれずみ」の禁止を例に説明しよう。

たとえば『広辞苑』をみると、慣習とは「ある社会の内部で歴史的に発達し、その社会の成員に広く承認されている伝統的な行動様式。ならわし。風習」と記されている。

この定義によれば、和人による入墨は慣習とは言い難い。社会に認められていたというよりも、むしろ社会的逸脱行為としての否定的な位置付けとそれに伴う扱い（否定的サンクション）が付されてきた。少なくとも皆が行うものではなかった。その意味から、一定の人々に見られる「風俗」としてここでは表現している。

一方でアイヌ女性の文身は、かつて成人女性全員が行うことが肯定的に期待・奨励され(肯定的サンクション)、その社会の中では、逸脱が許されなかったものである。すなわち「しなくてはならない」ものであった、という意味で、「習俗」を用いている。

ちなみに「いれずみ」を表すアイヌ語「シヌイェ」(sinuye)が、文字通り「身に文《もどろ》ぐ」という意味であることから、その差違を表わす上で、ここではそれぞれ「和人の入れ墨」「アイヌ女性の文身」と表現している。

北海道における違式詿違条例の施行状況

次にアイヌと和人それぞれが経た風俗規制を明らかにするために、まずは北海道で施行された違式詿違条例の概観をみることからはじめよう。

違式詿違条例が施行された主な期間の北海道での行政機関は開拓使であった。その期間は、明治二年(一八六九)から明治十五年であり、当時の行政区は、函館・札幌・根室《ねむろ》の三支庁に分けられていた。そしてこれらの支庁間でも、違式詿違条例の施行状況は一様ではなかった。

違式詿違条例が最初に布達されたのは、明治六年二月、函館支庁(全五十三条)であり、次に明治十年三月、札幌本庁では「札幌市中」と現在の小樽《おたる》市内から手宮《てみや》に至る「村市連

表２　近世—近代における鯨刑および入墨・文身規制

年	本　州	蝦夷地／北海道
1720（享保５）	鯨刑制定	
1799（寛政11）	入墨禁止	文身・耳輪禁止 （第一次幕領化1799-1821）
1830-1843（天保年間）	入墨禁止	
1855（安政２）		文身禁止 （第二次幕領化1855-1868）
1870（明治３）	鯨刑廃止	
1871（〃　４）		文身等禁止
1872（〃　５）	東京府下違式註違条例	
1873（〃　６）	各地方違式註違条例	函館支庁違式註違条例
1876（〃　９）		文身・耳輪等厳禁
1877（〃　10）		札幌支庁違式註違条例
1878（〃　11）		根室支庁違式註違条例
1880（〃　13）	違式註違条例廃止 違警罪公布	

〔百瀬　2003〕作成の表の一部を訂正した．

続の地」までの地域に違式註違条例（全五十九条）が布達され、五月一日から施行されることになった。函館が札幌に先行していたのは、先に述べたように、函館が開港場であったためと考えられる。一方、根室支庁では、函館の五年後の明治十一年一月（全五十五条）となっている。

『開拓使事業報告』第五編警察表から違式註違条例の違犯者の検挙状況をみると（ただしこの数値は、『北海道警察史』に記されている検挙数とは若干異なる部分がある）、それぞれの施行状況がわかる。開港場を擁していた函館においても、当初の取り締まりが毎年行

表3　違式註違条例違反による検挙数

支庁名／年	札幌本庁		函館支庁		根室支庁
	a	b	a	b	aのみ
1872（明治5）	—	—	0	0	—
1873（〃 6）	—	—	72	0	—
1874（〃 7）	—	—	0	0	—
1875（〃 8）	—	—	0	0	—
1876（〃 9）	0	0	0	0	—
1877（〃 10）	737	0	0	0	0
1878（〃 11）	165	69	167	132	0
1879（〃 12）	199	55	46	774	6
1880（〃 13）	221	80	61	701	10
1881（〃 14）	95	32	47	395	9

a：違式条例違反（人）　b：註違条例違反（人）
出典：『開拓使事業報告』5「警察表」（〔百瀬　2003〕作成）

われていたとは考えにくいばかりか、札幌本庁・根室支庁では、違式註違条例の検挙のデータは明治十・十一年からとなっている（表3で「—」と記したのは、情報が無いことを示す）。少なくとも全支庁で毎年この条例違反による検挙者が出るのは、明治十二年以降である。

内容の違い

違式註違条例の内容も、三支庁の間で若干異なる。すでに記したように、函館の場合は東京府下違式註違条例を敷衍し、そこから数条を削除したものであった。函館は開港場であったから、外国人から「野蛮」と指摘されていた往来での裸や大小便、混浴などの他、函館のみの規制が見られる。

一方、布達時期が異なるものの（明治十一年）根室支庁の同条例は、内容上、各地方違式註違条例を敷衍する札幌本庁のものと一部を除きほぼ同様である。以下では、特に風俗に関する規制について、その違いをみていこう。なお、〔資料6〕（一）（二）（三）は函館・札幌・根室支庁の違式註違条例の内容であるが、どちらも布達当初のものである。

〔資料6〕（一）

函館支庁違式註違条例（明治六年二月十三日　開拓使函館支庁布達第22号）

第一条

一　違式ノ罪ヲ犯シ（ス）者ハ七十五銭ヨリ少カラス百五十銭ヨリ多カラサル贖金ヲ追徴ス

第二条

一　註違ノ罪ヲ犯ス者ハ六銭二厘五毛ヨリ少カラス十二銭五厘ヨリ多カラサル贖金ヲ追徴ス

第三条

一　違式註違ノ罪ヲ犯シ無力ノ者ハ実決スル事左ノ如シ

一　違式笞罪　一十ヨリ少カラス二十ヨリ多カラス

一　詿違拘留　一日（ヨリ）少カラス二日ヨリ多カラス

第四条

一　違式並詿違ノ罪ヨリ取上ヘキ物品ハ贖金科スルノ外別没収ノ申渡シヲ為スヘシ

第五条

一　違式詿違ノ罪ヲ犯シ人ニ損失ヲ蒙ラシ（ム）ル時ハ先ツ其損失ニ当ル債金ヲ出サ
シメ後ニ贖金ヲ命スヘシ

（違式罪目）〔筆者補足〕

第六条

一　地券所持ノ者諸上納銀ヲ怠（リ）ノ地方ノ法違背致ス者

第七条

一　贋造ノ飲食物並腐敗ノ食物ヲ知テ販売スル者

第八条

一　往年（来カ）又ハ下水河中等ニ家作並孫庇ヲ自由ニ張出シ或ハ河岸地除地等ニ願
ナク家作スル者

第九条

一　春画及ヒ其類諸器物ヲ販買スル者

第十条

一　病牛死牛其他病死ノ禽獣ヲ知テ販売スル者

第十一条

一　身体（ヘ）刺繍ヲ為セシ者

第十二条

一　男女入込ノ湯ヲ渡世スル者

第十三条

一　乗馬シテ猥ニ馳駈又ハ馬車疾駆シテ行人ヲ触倒ス者

第十四条

一　外国人ヲ無届ニテ止宿セ（シ）スムル者

第十五条

一　外国人ヲ私ニ雑居セシムル者

第十六条

一　町火消鳶人足共町々普請造営ノ節地所ニ組合違ノ者ヲ雇フコト故障スル者

第十七条
一　夜中無燈ノ馬車（ヲ）以（テ）通行スル者
第十八条
一　人家稠密《ちゅうみつ》ノ場所ニ於テ妄リ（ニ）火枝ヲ玩フ者
第十九条
一　火事場ニ関係ナクシテ乗馬セシ者
第二十条
一　願ナク床店葭簀張等ヲ取建ル者
第二十一条
一　戯《いたずら》ニ往来ノ常燈台ヲ破毀スル者
第二十二条
一　裸体又ハ袒裼《たんせき》シ或ハ股脛ヲ露ハシ醜体ヲナス者
第二十三条
一　馬及車留ノ掲示アル道路（橋）梁リ（ヲ）犯シテ通行スル者
第二十四条

一　無検印（ノ）船車ヲ以テ渡世スル者

第二十五条

一　男女相撲並蛇遣ヒ其他醜体ヲ見世物ニ出ス者

第二十六条

一　第二十二条ノ如キ見苦敷《みぐるし》（キ）容体（ニ）シテ乗馬スル者

第二十七条

一　川掘下水等土芥瓦礫等投棄シ流通（ヲ）妨クル者

詿違罪目

第二十八条

一　狭隘ノ小路ヲ馬車ニテ馳走スル者

第二十九条

一　軒外ニ木石炭薪等ヲ積置（シ）者

第三十条

一　夜中無提燈ニテ人力車（ヲ）轢キ及ヒ乗馬スル者

第三十一条

一　暮六時ヨリ荷車ヲ挽ク者

第三十二条

一　斟酌ナク馬車ヲ疾駈セシメテ行人へ迷惑ヲ掛シ者

第三十三条

一　人力車挽ノ者強テ乗車ヲ勧メ過言等申掛（シ）者

第三十四条

一　他人園中（ノ）菓実ヲ採リ食フ者

第三十五条

一　馬車及人力車荷車等ヲ往来（ニ）置キ行人ノ妨ケ（ヲ）ナシ及ヒ牛馬（ヲ）街ニ横タへ行人（ヲ）妨ケシ者

第三十六条

一　禽獣ノ死（スル）者或（ハ）汚穢ノ物ヲ往来等へ投棄スル者

第三十七条

一　湯屋渡世ノ者戸口ヲ明放チ或ハ二階（へ見）隠簾ヲ垂レサル者

第三十八条

一　居宅前掃除ヲ怠（リ）或ハ下水ヲ浚ハサル者

第三十九条

一　婦人ニテ謁（謂レ）シナク断髪スル者

第四〇条

一　荷車並ニ人力車行逢フ節行人（ニ）迷惑ヲカケシ者

第四十一条

一　下掃除ノ者蓋ナキ糞桶ヲ以テ搬造（送）スル者

第四十二条

一　旅籠屋渡世（ノ）者止宿人名ヲ記載セス或ハ之ヲ届ケ出ルサル（出サル）者

第四十三条

一　往来筋ノ号札又ハ人家ノ番号名札看板等ヲ戯ニ破毀スル者

第四十四条

一　喧嘩口論及ヒ人ノ自由ヲ妨ケ且驚愕ス可キ噪閙《そうどう》ヲ為シ出セル者

第四十五条

一　往来常燈ヲ戯ニ消滅スル者

第四十六条
一　疎忽ニヨリ人ニ汚穢物及ヒ石礫等ヲ放澆セシ者
第四十七条
一　田園種芸ノ路ナキ場ヲ通行シテ又ハ牛馬ヲ牽入ル者
第四十八条
一　物ヲ打掛（ケ）電信線ヲ妨害スル者
第四十九条
一　市中往来筋ニ於テ便所ニアラサル場所へ小便スル者
第五十条
一　店先ニ於テ往来へ向ヒ幼稚ニ大小便セシムル者
第五十一条
一　荷車及ヒ人力車等ヲ並へ挽キテ通行ヲ妨ケシ者
第五十二条
一　誤テ牛馬ヲ放テ人家（ニ）入レシメシ者
第五十三条

一　犬ヲ闘ハシメ及戯ニ人（三）嗾《ぞく》スル者

第五十四条

一　巨大ノ紙鳶《たこ》ヲ揚テ妨害ヲ為ス者

〔補注1〕之、者、江などは、ノ、ハ、エに改めた。モノと者が混在しているため、者に統一した。また重複等、明らかな間違いと考えられる部分は訂正し、誤字と考えられる部分は、（　）書きした上で、傍註で記した。抜けていると思われるものは、その字の後に（　）で記した。

〔補注2〕第四十六条は全脱として布達直前に補足訂正されたが、町会所触書ではこの条目が抜けて全五十三条となっている。

〔資料6〕（二）

違式詿違条例（明治十年三月十二日　開拓使札幌本庁布達甲第16号）

第一条　違式ノ罪ヲ犯ス者ハ七十五銭ヨリ少カラス一円五十銭ヨリ多カラサル贖金ヲ追徴ス

第二条　詿違ノ罪ヲ犯ス者ハ五銭ヨリ少カラス七十銭ヨリ多カラサル贖金ヲ追徴

ス

第三条　違式詿違ノ罪ヲ犯シ無力ノ者ハ実決スル事左ノ如シ
一　違式　懲役　八日ヨリ少カラス十五日ヨリ多カラス
一　詿違　拘留　半日ヨリ少カラス七日ヨリ多カラス
但拘留ノ罪ヲ犯スト雖モ適宜懲役ニ換ル事アルヘシ

第四条　違式並詿違ノ罪ニヨリ取上ヘキ物品ヘ贖金ヲ科《か》スルノ外別ニ没収ノ申渡ヲ為スヘシ

第五条　違式詿違罪ヲ犯シ人ニ損失ヲ被ラシムルトキハ先ツ其損失ニ当ル償金ヲ出サシメ後後ニ贖金ヲ命スヘシ

違式罪目

第六条　違式罪目ヲ犯スト雖《いえども》情状軽キ等ハ減等シテ詿違ノ贖金ヲ追徴シ詿違ノ罪目ヲ犯スト雖重ハ加等シテ違式ノ贖金ヲ追徴スヘシ其犯ス所極テ軽キハ止《た》タ呵責シテ放免スルコトアルヘシ

第七条　贋造ノ飲食物並腐敗ノ食物ヲ知テ販売スル者

第八条　往来又ハ下水外河中ヘ家作並孫庇等ヲ自在ニ張出或ハ河岸地除地等ヘ願

ナク家作スル者
第九条　春画及其類諸器物ヲ販売スル者
第十条　病牛死牛其他病死ノ禽獣ヲ知テ販売スル者
第十一条　身体へ刺繍ヲナス者
第十二条　乗馬シテ猥ニ馳駈シ又ハ馬車ヲ疾駆シテ行人ヲ触倒ス者但殺傷スルハ此限ニ非ス
第十三条　外国人ヲ無届ニテ止宿セシムル者
第十四条　夜中無燈ノ馬車ヲ以通行スル者
第十五条　人家稠密《ちゆうみつ》ノ場所ニ於テ妄ニ火枝ヲ玩フ者
第十六条　戯ニ往来ノ常燈台ヲ破毀スル者
第十七条　馬及車留ノ掲示アル道路橋梁ヲ犯シ通行スル者
第十八条　川堀下水等へ土芥瓦礫等ヲ投棄シ流通ヲ妨ル者
第十九条　毒薬並激烈気物ヲ用ヒ魚鳥ヲ捕ル者
第二十条　掲傍場ヲ汚損シ並其囲ヲ破毀スル者
第二十一条　堤ヲ壊チ又ハ断ナク他人ノ田園ヲ掘ル者

第二十二条　道敷内ニ菜蔬《さいそ》豆類ヲ植或ハ汚物ヲ積ミ往来ヲ妨ル者
第二十三条　婚姻祝儀等ノ節事故ニ托シ往来又ハ其家宅ニ妨害ヲナス者
第二十四条　馬夫或ハ日雇稼ノ者等仲間ヲ結ヒ他人ノ稼ヲ為スニ故障スル者
第二十五条　神仏祭事ニ托シ人ニ妨害ヲ為ス者
第二十六条　他人ノ墓碑ヲ毀損スル者
第二十七条　御用ト書タル小旗提燈等ヲ免許ナク猥ニ用ル者
第二十八条　他人ノ繋船ヲ無断（ニテ）棹シ游《あそ》フ者
第二十九条　官有或ハ他人ノ山林田畠ニ入リ植物ヲ損害スル者
第三十条　神社仏閣ノ器物類ヲ破毀スル者
第三十一条　雪隠《せっちん》ニ依ラスシテ往還路傍等ニ大小便ヲスル者
註違罪目
第三十二条　狭隘ノ小路ヲ馬車ニテ馳走スル者
第三十三条　禽獣ノ死スル者ハ汚穢ノ物ヲ往来等ヘ投棄スル物
第三十四条　旅籠屋渡世ノ者止宿人名ヲ記載セス或ハ之ヲ届出サル者
第三十五条　往来筋ノ号札又ハ人家番号名札看板等ヲ戯ニ破毀スル者

第三十六条　喧嘩口論及人ノ自由ヲ妨ケ且驚愕スヘキ噪闘《そうどう》ヲ為シ出セル者
第三十七条　往来常燈ヲ戯ニ消滅スル者
第三十八条　粗忽ニ依リ人ニ汚穢物及石礫等ヲ抛澆セシ者
第三十九条　田園種芸ノ路ナキ場ヲ通行シ又ハ牛馬ヲ牽入ル者
第四十条　犬ヲ闘ハシメ及戯ニ人ニ嗾スル者
第四十一条　酔ニ乗シ又ハ戯ニ車馬往来ノ妨碍ヲナス者
第四十二条　魚類海草等ノ乾物ニ妨害ヲナス者
第四十三条　養田水其外用水ニ妨害ヲナス者
第四十四条　水除杭ニ妨害ヲナシ又ハ之ヲ抜取ル者
第四十五条　他人ノ漁猟場ニ妨害スル者
第四十六条　他人ノ植籬《しょくり》牆垣《しょうえん》ヲ損害スル者
第四十七条　往還ノ並木及苗木ヲ徒《いたずら》ニ害スル者
第四十八条　誤テ牛馬ヲ放チ他人ノ田圃及物品ヲ損害スル者
第四十九条　猥ニ他人ノ争論ニ荷担スル者
第五十条　行人ニ合力等ヲ申掛ル者

第五十一条　牧場外猥ニ牛馬ヲ放飼スル者
第五十二条　他人ノ墳墓等ノ供品類ヲ猥ニ毀損スル者
第五十三条　水車水碓等ヲ妨害ヲナス者
第五十四条　他人ノ晒網《さらしあみ》ニ妨害ヲナス者
第五十五条　総テノ標柱ニ牛馬ヲ繋キ或ハ破毀スル者
第五十六条　橋柱ニ舟筏ヲ繋ク者
第五十七条　神祠仏堂又ハ他人ノ垣壁等ニ落書ヲナス者
第五十八条　遊園及路傍ノ花木ヲ折リ或ハ植物ヲ害スル者
第五十九条　裸体ニテ市街ヲ往来シ或ハ醜形ヲ現ハス者

〔資料6〕（三）
違式詿違条例（明治十一年十一月二十七日　根室支庁布達第三十五号）
第一条　違式ノ罪ヲ犯ス者ハ七拾五銭ヨリ少カラス壱円五拾銭ヨリ多カラサル贖金ヲ追徴ス
第二条　詿違ノ罪ヲ犯ス者ハ五銭ヨリ少カラス壱円七拾銭ヨリ多カラサル贖金ヲ

第三条　追徴ス
違式詿違ノ罪ヲ犯シ無力ノ者ハ実決スルコト左ノ如シ
一　違式　懲役　八日ヨリ少カラス十日ヨリ多カラス
一　詿違　拘留　半日ヨリ少カラス七日ヨリ多カラス
但ニ罪トモ適宜懲役ニ換フ

第四条　違式並ニ詿違ノ罪ニヨリ取上クヘキ物品ヘ贖金ヲ科スルノ外別ニ没収ノ中渡ヲ為スヘシ

第五条　違式詿違ノ罪ヲ犯シ人ニ損失ヲ蒙ラシムル時ハ先ツ其損失ニ当ル贖金ヲ出サシメ後ニ償金ヲ命スヘシ

違式罪目

第六条　違式ノ罪ヲ犯スト雖モ情状軽キハ減等シテ詿違ノ贖金ヲ追徴シ詿違罪目ヲ犯スト雖モ重キハ加等シテ違式ノ贖金ヲ追徴スヘシ其犯慮極メテ軽キハ止《タ》タ呵責《かしやく》シテ放免《ほうめん》スルコトアルヘシ

第七条　贋造ノ飲食物並ニ腐敗ノ食物ヲ知《しり》テ販売スル者

第八条　往来又ハ下水外河中等ヘ家作並ニ孫庇《まごびさし》等ヲ自在ニ張出シ或ハ河岸除地《かしよけち》

等へ願ナク家作スル者

第九条　春画及ヒ其類ノ諸器物ヲ販売スル者

第十条　病牛死牛其他病死ノ禽獣ヲ知テ販売スル者

第十一条　身体へ刺繡ヲ為ス者　但旧土人ハ暫ク此限ニアラス

第十二条　乗馬シテ猥リニ馳駆シ又ハ馬車ヲ疾駆シテ行人を触倒スル者　但殺傷スルハコノ此限ニ在ラス

第十三条　旅行免状ヲ持タサル外国人ヲ止宿セシムル者

第十四条　人家稠密ノ場所ニ於テ妄リニ火技ヲ玩フ者

第十五条　戯ニ往来ノ常燈ヲ破毀スル者

第十六条　馬及ヒ車留ノ掲示アル道路橋梁ヲ犯シ通行スル者

第十七条　川掘下水等へ土芥瓦礫等ヲ投棄シ流通ヲ妨クル者

第十八条　毒薬並ニ激烈気物ヲ用ヒ魚鳥ヲ捕フル者

第十九条　掲榜《けいぼう》場ヲ汚損シ並ニ其囲ヲ破毀スル者

第二十条　堤ヲ壊シ又ハ断リナク他人ノ田園ヲ掘ル者

第二十一条　道敷内ニ菜蔬《さいそ》豆類ヲ植或ハ汚物ヲ積ミ往来ヲ妨クル者

第二十二条　婚姻祝儀等ノ節事故ニ托シ往来又ハ其家宅ニ妨害ヲナス者
第二十三条　馬夫或ハ日雇稼ノ者等仲間ヲ結ヒ他人ノ稼ヲナスニ故障スル者
第二十四条　神仏祭事ニ托シ人ニ妨害スル者
第二十五条　他人ノ墓碑ヲ破毀スル者
第二十六条　御用ト書タル小旗提燈等ヲ免許ナク猥リニ用ル者
第二十七条　他人ノ繫舟ヲ無断棹シ遊フ者
第二十八条　官有或ハ他人ノ山林田畠ニ入リ植物ヲ損害スル者
第二十九条　神社仏閣ノ器物類ヲ破毀スル者
註違罪目
第三十条　狭隘《きょうあい》ノ小路ヲ車馬ニテ馳走スル者
第三十一条　禽獣ノ死スル者或ハ汚穢ノ物ヲ往来等ヘ投棄スル者
第三十二条　旅籠屋渡世ノ者止宿人名ヲ記載セス或ハ之ヲ届出テサル者
第三十三条　往来筋ノ号札又ハ人家ノ番号名札看板等ヲ戯ニ破毀スル者
第三十四条　喧嘩口論及ヒ人ノ自由ヲ妨ケ且《かつ》驚愕スヘキ噪鬧《そうどう》ヲ為シ出セル者
第三十五条　往来常燈ヲ戯ニ消滅スル者

第三十六条　粗忽ニ依リ人ニ汚穢者及ヒ石礫等ヲ抛澆セシ者
第三十七条　田園種芸ノ路ナキ場ヲ通行シ又ハ牛馬ヲ牽入ル者
第三十八条　犬ヲ闘《たたか》ハシメ及ヒ戯ニ人ニ嗾スル者
第三十九条　酔ニ乗シ又ハ戯ニ車馬往来ノ妨碍ヲ為ス者
第四十条　魚類海草等ノ乾場ニ妨害ヲナス者
第四十一条　養田《ようでん》水其外用水ニ妨害ヲナス者
第四十二条　水除杭ニ妨害ヲナシ又ハ之ヲ抜取ル者
第四十三条　他人ノ漁労場ニ妨害ヲスル者
第四十四条　他人ノ植籬牆垣ヲ損害スル者
第四十五条　往還ノ並木及ヒ苗木ヲ徒ニ害スル者
第四十六条　誤テ牛馬ヲ放チ他人ノ田圃及ヒ物品ヲ損害スル者
第四十七条　猥リニ他人ノ争論ニ荷担《かたん》スル者
第四十八条　行人ニ合力等ヲ申掛ル者
第四十九条　他人ノ墳墓等ノ供品類ヲ猥リニ毀損スル者
第五十条　水車水碓等ニ妨害ヲナス者

第五十一条　他人ノ曝網《さらしあみ》ニ妨害ヲナス者
第五十二条　総テノ標柱ニ牛馬ヲ繋キ或ハ破毀スル者
第五十三条　橋柱ニ舟筏ヲ繫ク者
第五十四条　神祠仏堂又ハ他人ノ垣壁等ニ楽書ヲナス者
第五十五条　遊園及ヒ路傍ノ花木ヲ折リ或ハ植物ヲ害スル者

函館・札幌・根室の条例における風俗規制を、以下の項目にまとめてみてみよう。

①入墨・春画等の禁止

これら三支庁の条例の中には全て、入墨の禁止が記されているが、特に根室支庁では、入墨の禁止項目に「但旧土人ハ暫《しばら》ク此限ニアラス」という但し書きが付され、アイヌが除外されていたことがわかる。

また、春画等の規制は、各庁とも同じ第九条でなされている。

②混浴・往来での裸体

混浴に関する規制は函館のみであり（十二・三十七条）、札幌・根室の条例ではなされていない（ただし明治十三年になって、戸口を開放したり、二階をすだれで隠さない行為の禁止が追加されている）。往来での裸体については函館が裸体・袒裼《たんせき》（肩ぬぎ）・股脛を露わにすること（二十二条）、そのような格好での乗馬（二十六条）を禁止しているが、札幌では裸体ないし『醜形』を現わす者（五十九条）の禁止となり、根室ではこの規制はみられなくなっている。

③往来での大小便の禁止

函館では、四十九条・五十条で禁止しており、札幌では三十一条での禁止となっている。根室ではやはり規制そのものが存在しない。

④函館のみの規制

他に函館のみの規制として男女相撲・蛇遣いの見世物（二十五条）、婦人の断髪（三十九条）がある。

男女混浴を論ず

このように、やはり開港場であった函館で、違式詿違条例の風俗規制が厳しかったことがわかる。これは当時の人々にとっても、札幌での規制は、おそらくは函館に比較してかなりゆるやかに見えたのではないか。明治十二年（一八七九）の『函館新聞』には、次のような投書が掲載されている（明治十二年二月十四日第百四十五号）。

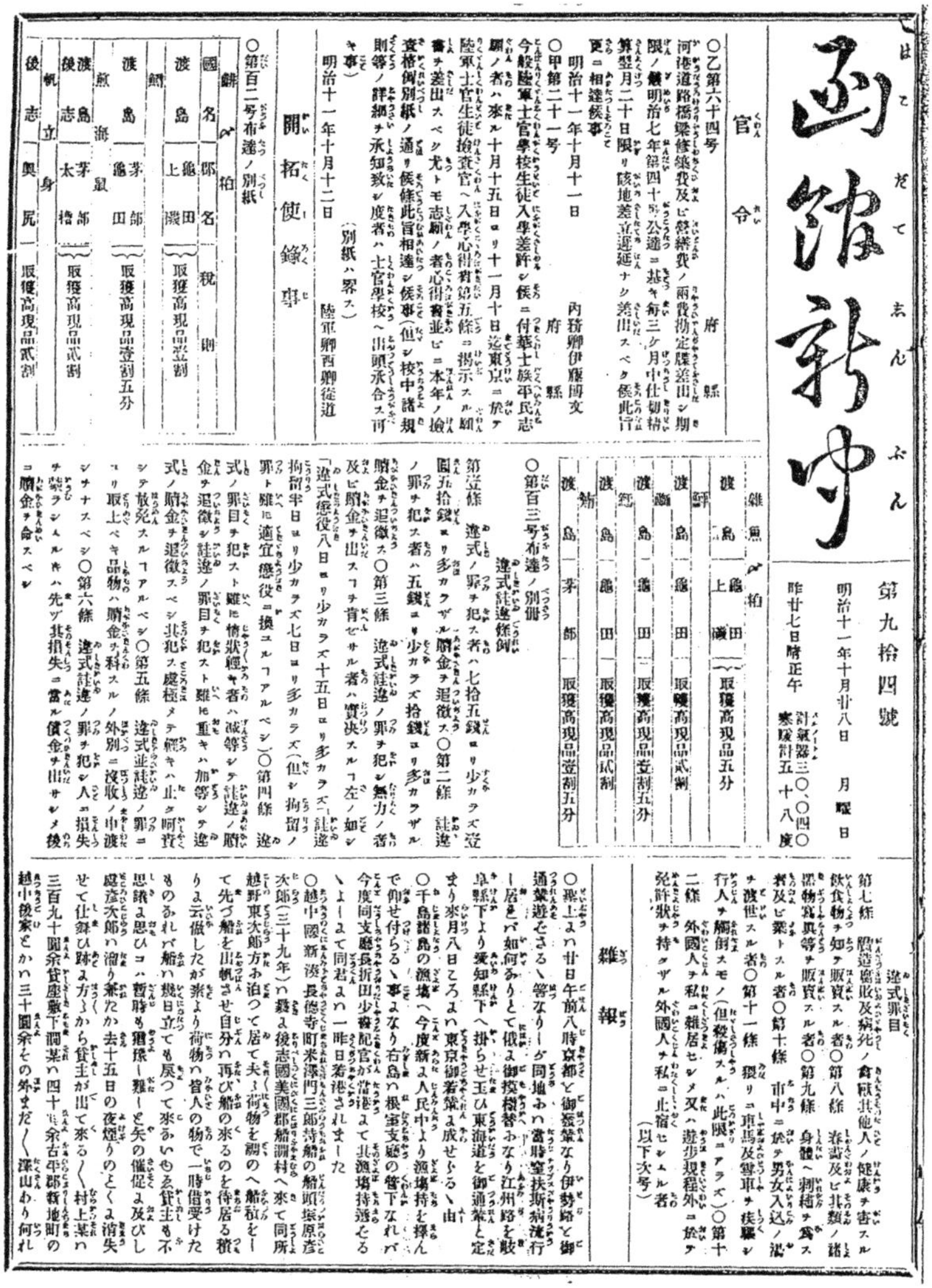

函館新聞《はこだてしんぶん》

第九拾四號
明治十一年十月廿八日　月曜日
昨廿七日晴正午　計氣器三〇、〇四〇　寒暖計五十八度

官令《くわんれい》　府　縣

○乙第六十四号
河港道路橋梁修築費及ヒ營繕費ノ兩費拂定牒差出シ期限ノ儀明治七年第四十號公達ニ基キ毎三ケ月中仕切精算翌月二十日限リ該地差立遅延ナク差出スベク候此旨更ニ相達候事
明治十一年十月十一日　内務卿伊藤博文

○甲第二十一号　府　縣
今般陸軍士官學校生徒入學差許シ候ニ付華士族平民志願ノ者ハ來ル十月十五日ヨリ十一月十日迄東京ニ於テ陸軍士官生徒撿査官ヘ入學心得書第五條ニ掲示スル願書ヲ差出スベク尤モ志願ノ者心得書並ビニ本年ノ撿査格例別紙ノ通リ候條此旨相達シ候事（但シ校中諸規則等ノ詳細ヲ承知致シ度者ハ士官學校ヘ出頭承合ス可キ事）
（別紙ハ畧ス）
明治十一年十月十二日　陸軍卿西郷從道

開拓使錄事《かいたくしろくじ》

○第百二号布達ノ別紙

	國名	郡名	税則
鯡〆粕	渡島	亀田・上磯	取獲高現品壹割
鯣	渡島	茅部・亀田	取獲高現品壹割五分
煎海鼠	渡島・後志	茅部・太櫓	取獲高現品弐割
帆立身	後志	奥尻	取獲高現品弐割

雜魚〆粕	渡島	亀田・上磯	取獲高現品五分
鰊	渡島	亀田	取獲高現品弐割
鰯	渡島	亀田	取獲高現品壹割五分
鮭	渡島	亀田	取獲高現品弐割
新	渡島	茅部	取獲高現品壹割五分

○第百三号布達ノ別冊
違式詿違條例

第壹條　違式ノ罪ヲ犯ス者ハ七拾五錢ヨリ少カラズ壹圓五拾錢ヨリ多カラザル贖金ヲ追徴ス○第二條　詿違ノ罪ヲ犯ス者ハ五錢ヨリ少カラズ拾錢ヨリ多カラザル贖金ヲ追徴ス○第三條　違式詿違ノ罪ヲ犯シ無力ノ者及ビ贖金ヲ出スコヲ肯ゼサル者ハ實決スルコ左ノ如シ「違式懲役八日ヨリ少カラズ十五日ヨリ多カラズ」「詿違拘留半日ヨリ少カラズ七日ヨリ多カラズ（但シ拘留ノ罪ト雖モ適宜懲役ニ換ユルコアルベシ）○第四條　違式ノ罪目ヲ犯スト雖モ情状輕キ者ハ減等シテ詿違ノ贖金ヲ追徴シ詿違ノ罪目ヲ犯スト雖モ重キハ加等シテ違式ノ贖金ヲ追徴スベシ其犯ス處極メテ輕キハ止タ呵責シテ放免スルコアルベシ○第五條　違式並詿違ノ罪ニヨリ取上ベキ品物ハ贖金ヲ科スルノ外別ニ沒收ノ申渡シヲナスベシ○第六條　違式詿違ノ罪ヲ犯シ人ニ損失ヲ蒙ラシムル者ハ先ヅ其損失ニ當ル償金ヲ出サシメ後ニ贖金ヲ命スベシ

違式罪目
第七條　贋造腐敗及病死ノ禽獸其他人ノ健康ヲ害スル飲食物ヲ知テ販賣スル者○第八條　春畫及ビ其類ノ諸器物寫眞等ヲ販賣スル者○第九條　身體ヘ刺繍ヲ為ス者及ビ業トスル者○第十條　市中ニ於テ男女入込ノ湯ヲ渡世スル者○第十一條　猥リニ車馬及轎車ヲ疾驅シ行人ヲ觸倒スモノ（但殺傷スルハ此限ニアラズ）○第十二條　外國人ヲ私ニ雜居セシメ又ハ遊歩規程外ニ於テ免許状ヲ持タザル外國人ヲ私ニ止宿セシムル者
（以下次号）

雜報《ざつぽう》

○聖上には廿日午前八時京都と御發輦なり伊勢路と御通輦遊ばさるゝ筈なりしが同地には當時窒扶斯病流行し居ればいかゞありとて俄かに御模様替となり江州路を岐阜縣下より愛知縣下へ掛らせ玉ひ東海道を御通輦と定まり來月八日ころには東京御着輦に成せらるゝ由
○千島諸島の漁場へ今度新たに人民中より漁場持を撰んで仰せ付らるゝ事となり右島は根室支廳の管下なれば今度同支廳長折田少書記官が當港にて其漁場持選定せらるゝよしにて同君には一昨日着港されました
○越中國新湊長徳寺町米澤門三郎持船の船頭塚原彦次郎（三十九年）は嚮に後志國美國郡船澗村へ來て同所越野東次郎方に泊つて居て夫々荷物を船の方へ船積をして先づ船を出帆させ自分は再び船の來るのを待居る積りと云做したが素より荷物は皆人の物で一時借受けたものゆゑ船は幾日立ても戻つて來ないので貸主も不思議に思ひコハ暫時も猶豫ハ難しと矢の催促に及びし處彦次郎は溜り兼たか去十五日の夜煙りのごとくに消失せて仕舞ひ跡に方〻から貸主が出て來る〳〵村上某は三百九十圓余貸座敷下澗某は四十圓余古平郡新地町の越中屋家とかは三十圓余その外まだ〳〵澤山あり何れ

図18　『函館新聞』の違式詿違条例掲載部分

男女混浴を論ず

函館寄留　多田一郎

制令を管内に布《し》くや偏軽偏重すべからず。生傾者《せいけいしや》（このごろ）札幌小樽に遊び留《とどま》ること各十余日。其人情風土等は察知する能《あた》はされとも、一事の心に関するあり。試に文を論せん。

抑《そもそも》混堂浴室の男女混浴すべからざるは違式詿違ニ之あり。況《いわ》んや曾《かつ》て本使布達に之あるをや。然《しか》るに両地の混堂たるや男女混浴せり（悉く然るかは知らず。生の浴せし所は然り）。

函館に於ては之を厳禁す。何《なん》そ札幌小樽に軽くして、函館に重するや。是れ函館の重きにあらず、両地の軽《かろき》に過《すぐ》るなり。思惟するに札幌小樽は函館に比すれは、未開且つ人口の希少にして、之を許さゞれば其職業の者衣食に困難なるを以て、黙許するに在るか。果して然らは小樽は先つ論せされとも札幌に於ては論せざるを得ず。何となれば、札幌は本庁の在る所即ち北海全道に政令を布く所の根本の地なり。故に北海全道に令を布くや、第一に札幌の人民をして遵奉せしめずんはあるべからず。是れ生か札幌は論せさるを得ずと謂ふ所也。諸君以て如何となす。

ここでは、違式詿違条例が地方によって異なる「人情を斟酌する」ものである点が述べられているのみで、三府五港を例外化している点は説明されていない。しかし、「文明／未開」（都市化されているかいないかとも置きかえられると思うが）の判断基準が示され、現在でいう政令指定都市が「文明的」であるべきという意見が一般に存在していたであろうことがわかる。

ちなみにこの投書について次号（二月十六日）では、「違式詿違は各地に於いて一様ならず」、「其土地の開不開或ひは風俗に依《よっ》て差違」があるため、「札幌は違式の問処にあらず。然るを制令不同といふは全く投書人の誤覚」であるとして、新聞社に正誤記事を出すよう求められている。

店先での立ち小便

『函館新聞』には、他にもさまざまな詿違罪違犯の記事が掲載されている。「違式と咎《とがめ》て商ないをした咄《はな》し」は、店先で立小便をした男を、店の主人がちゃっかり客にしてもうけた、というものである（明治十二年二月十五日百四十六号）。

違式と咎て商ないをした咄しは、此ごろの夜、恵比須《えびす》町百三十九番地の旅人宿に蕎《そ》麦《ば》屋を兼帯する川口亀松が店先で大きな男が大きな物を押広げてシヤ〳〵垂流してゐると、亀松が見付て飛て出かけ、誰だ其所《そこ》に小便するものは、五《ママ》規則を侵す不届き至極。サア何処《どこ》の者だと問詰られて其男はハイ〳〵五《ママ》免下され。イヤ五《ママ》免下されは済《すま》ない、一体何処の者だと益々問詰られて、実は私は秋田の者だと答へると、亀松は、ナニ秋田、秋田と聞ては懐かしい。マア〳〵此方へお這入《はいり》、実は私も秋田のものだ。幸ひ聞たい事も咄したい事もあるなど丶、今迄の気色《けしき》も何処《どこ》へやら、急にチヤホヤ饗応《もてなす》様子に、其男も迂《うつ》かり揚つて四方八方《よもやま》咄しの折、亀松は其男に向ひ、お前も今夜は巡査に見付られず私に咎められたが仕合で、罰金の沙汰にも及ばないといふものゆえ、其代りに蕎麦ぐらいは喰ても好《よか》らうと勧められて、男も流石《さすがに》喰ぬ訳にも行ず、四五杯喰て帰つたといふ。

当然のことをいうようではあるが、やはり店先に立小便をされることは、店主にとって快いことではないのである。まして飲食を扱う店であれば、なおさらであろう。当時の「風俗」も決して、全ての人々にとって無条件にうけ入れられていたわけではない。各自の立場によっては認め難い、我慢し難いものもあったと思われる。それだからこそ、新しい法律である違式詿違条例が、今まで行われてきた行動の対抗原理としての役割を果たすこともあったのではないか。自己にとって好ましくないものをやめさせる理由として、たくみにこの条例を使いわけることもあったかもしれない。

新聞が新しい価値を誘導するために、選択的に記事を掲載していたとしても、この記事に見られるような条例を逆手に取って利用する、というようなことはやはりあったと思われる。

さて、ではアイヌに対する風俗統制は、どのようなものであったのか。次にその規制理由も含めて、みてみよう。

アイヌ習俗に対する禁止令

アイヌ習俗禁止の系譜

根室支庁で布達された違式詿違条例に明記されていたように、アイヌ女性の入墨（文身）は同条例の取り締まりの対象からはずされていた。函館・札幌では記されていないが、この時期にいくつかのアイヌ習俗の規制がなされていることから、取り締まりはこの条例とは別に行われていたと考えられる。ここでは違式詿違条例と同時期になされたアイヌ習俗の禁止令を、規制する側、される側の論理とその変化を中心に見ていこう。

明治以前にも、北海道（当時は「蝦夷地《えぞち》」）ではアイヌの習俗が禁止されたことがあった。これは、松前《まつまえ》藩がアイヌの「和風化」に消極的だったのに対し、幕府が彼らへの同化政策を推進しようとしたためである。したがってこれらの習俗規制は蝦夷地が幕府の直轄地となった時期（第一次幕領化…寛政十一年〈一七九九〉―文政四年〈一八二一〉、第二次幕領化…安政二年〈一八五五〉―明治元年〈一八六八〉）になされている。

これらの和風化政策では、和人の姿形をすることが奨励されたことが知られている。高倉新一郎『アイヌ政策史』に紹介されている史料「蝦夷の人共へ教育通弁書」（寛政十一年）では、松前藩の「御《お》戻《もどり》地《ち》」になった際、希望者はまた行うという暫定的条件で止めさせたいこととして、文身・「耳金」をあげている。文身については鯨形《げいけい》（犯罪者の入墨）との関連から、「兎《と》角科無之者《かくとがこれなきもの》之《の》身《み》に疵付《きずつけ》候事は不宣事《よろしからざること》に而候」としていた。耳金（耳輪）は「日本人は諺《ことわざ》にも仕合能福人《しあわせよきふくじん》をば耳たぶが能《よし》と申て、耳たぶたり、其上疵無之をよしとす」と「理由」が記されていた。

明治以降の習俗禁止令

開拓使のアイヌ習俗統制令は明治四年（一八七一）に始まり、和人の立ち小便や往来での裸の風俗と同様、なかなか守られるには至らなかったのであろう。その後も何度も禁止が布達されている。

最初の布達「旧土人賜物《たまもの》並禁目」は、次のようなものであった。ここでいう「賜物」とは、開拓使から農耕に従事する際に支給される「居家」と農具をさす。また「旧土人」とあるのはアイヌを意味する。

〔資料7〕　一八七一年における対アイヌ習俗統制令

「旧土人賜物並禁目」　明治四年十月八日開拓使布達　〔戸籍　戸口〕

一　開墾致候土人へハ居家農具等　被下候《くだされそうろう》ニ付、是迄ノ如ク死亡ノ者有之候共、居家ヲ自焼シ他ニ転住等ノ儀　堅可相禁事《かたくあいきんずべきこと》。

一　自今出生ノ女子刺青等堅可禁事。

一　自今男子ハ耳輪ヲ著《つけ》候儀堅相禁シ女子ハ暫《しばら》ク御用捨《ごようしゃ》相成候事。

一　言語は勿論文字モ相学候《あいまなびそうろう》様可心懸《こころがけるべき》候事。

このように、死者の出た家を焼いて他へ転住することに対しては、支給した居家を焼いてはならないという理由を示しているが、文身と耳輪は示されていない。耳輪は、現在でいうピアスで、男女ともが幼少の頃から行なっていたものである。それが男子のみ禁止、それに対して「女子は暫く御用捨」にするという規制のあり方は、当時の男女観がうかがい知れるようで興味深い。

進まない耳輪・文身の禁止

先の「旧土人賜物並禁目」から五年後の明治九年（一八七六）、開拓使は「其風習を固守」する者があり、「従来の風習を洗除し教化を興し漸次人たるの道に入らしめん」「旨趣」が貫徹されないとして、今後違犯者が出た場合には「不得止《やむをえず》自律に照し処分」する。そのための調査と結果としての懲罰が下されることを告知するよう、北海道内の「区戸長総代」に向け布達している。

〔資料8〕　旧土人へ耳環・入墨、禁止の件（傍線は筆者による）

欄外袖印　（明治）九年九月三十日御検印済

貼紙　旧土人耳輪入墨禁止成度《なりたし》　陋習（傍線抹消）

印（大井上）

（朱書）上局　印（堀基）　公文課　印（出羽）

印（調書）　印（□井）　警察課　印（雑賀《さいか》）

印（辰野）　印（前森）

丙第百九二号（朱書）

対雁ヲ除キ土人アル　各分署

市在区戸長総代

北海道旧土人従来ノ風習ヲ洗除シ教化ヲ興《おこ》シ、漸次人タルノ道ニ入ラシメンカ為メ、辛未十月中告諭ノ趣モ有之。既ニ誘導ヲ加候処、未タ其風習ヲ固守《かたくまもり》候者有之哉ニ相聞、旨趣貫徹不致不都合ノ次第候。元来誘導教化ハ開明日新ノ根軸ニ候処、今ニ右様陋習有之候テハ、往々知エヲ開《ひらき》、物理ニ通シ事務ヲ知ラシメ、均シク開明ノ民タラシムルノ気力ヲ作振スルノ妨害ト相成ル。忽《ゆるがせ》ニスベカラサル義候条、就中《なかんずく》男子ノ耳環ヲ着ケ出生ノ女子入墨致等堅ク不相成旨、父母タル者ハ勿論夫々《それぞれ》篤ク教諭ヲ尽シ、且自今出生ノ者ハ尚更厳密検査、遂ニ此ノ行ヲ改メ候様予防方法相立取締可致。而シテ自今万一犯禁ノ者検出候ハヽ、不得止《やむをえず》自律ニ照シ処分可及候義ニ付、時々詳細具状可致ハ勿論、予《かね》テ能《よ》ク此懲罰アルヲ戒メ置ベシ。此旨相達候事。

明治九年九月　　開拓中判官　堀　基

ここでは開拓使からの丙第一九二号達をうけ、男性の耳輪、女性の文身を厳禁する旨を、アイヌ住民に「教戒」して「承服」させたので、その御請書を差出《さしだす》としている。これを見ると、風習洗除、陋習など違式詿違条例でも用いられている言葉が用いられている。禁止理由とされているのは「誘導教化ハ開明日新ノ根軸」であるのにこのような陋習があっては、「往々知エヲ開キ、物理ニ通シ事務ヲ知ラシメ、均シク開明ノ民」とする「気力ヲ作振スルノ妨害」となることである。このような開明の民となるための阻害要因として禁止されたのは、男子のピアスと女子の文身であった。文身は一度入れてしまえば消えないので、特に出生の女子としているのであろう。今後「出生ノ者ハ尚更厳密」に検査するとしている。

これに対し、当時浦河《うらかわ》在勤であった役人から開拓使の中判官《ちゅうはんがん》であった堀あてに「御請書」が提出されている。ここでは同年十一月に作成された文書とそれに添付されている「御請書」のうち、三石郡《みついし》と浦河郡の例をみてみよう。

三石郡から提出された御請書は次のようなものである。

〔資料9〕

御請書　　私共儀

旧来之風習ニ而《て》、耳環入墨仕来《しきたり》候所、今般更ニ従来之風習ヲ洗除シ往々知エヲ開キ物理ニ通シ時勢ヲ知ラシメ均《ひと》シク開明ノ民タラシメントノ厚御旨意ヲ以厳禁被仰出、

犯禁之者ハ御処分可相成御達之趣、一同拝承仕候。依之御請奉申上候以上

三石郡土人忽代

手良久勢　拇印

遠昆之能　印（ヲビシノ）

（明治）九年十一月二十二日

開拓中判官　堀　基　殿

ここでは「土人忽代」の手良久勢（テラクサか）と遠昆之能（ヲビシノ）の署名が記され、手良久勢は拇印を押しているが、遠昆之能は自らの印を持っていたようである。

次に浦河郡から提出された書類をみてみよう。

〔資料10〕

御請書

北海道旧土人共従来之風習ヲ洗除シ教化進歩ヲ可興之多免《ため》、兼而《かねて》御達之趣《おたつしのおもむき》モ御座候処、今般更ニ男子耳環ヲ除キ今後出生之女子入墨等為致間敷《いたすまじき》段、被仰渡《おおせわたされ》承知《しょうち》奉畏《かしこみたてまつり》候《そうろう》。向後万一犯禁之者有之《これあり》候節ハ早速御届奉申上、御処分請可《うけるべく》申候様右御取締之儀

御請書奉差上候　以上

明治九年十月

浦河郡役土人

ヌカルワノ　印

同　ウタノシケ　印

同　アバブサン　印

同　ポントク井　印

同　ヨシマ井　印

同　イカベシカ　印

同　ウエニタナン　印

同　ヨツタウエン　印

同　エマカブ　印

同　レボカシ　印

同　ピリカマウカ　印

同　イカタシ　印

同　チウクトル　印

浦河郡土人取締
金丸　福松　印
同副惣代
児玉　昇　印
同副戸長
山谷覚次郎

開拓使中判官　堀　基　殿

ここでは、「向後万一犯禁之者有之候節ハ早速御届奉申上、御処分請可申候」と述べられている。「浦河郡役土人」には十三名が名を連ね、へ型の印（爪印カ）が押されていた。この文書だけを見ても、何故これらの風習が「固守」されたのかという理由はわからない。実は陋習とされた女性の文身は、その文化の中で重要な意義をもつとされていた。次にその理由を見ていこう。

アイヌ女性の文身

文身の起源には、フキの下に住んでいたコロボックルの女性がしていたのを、アイヌ女性が真似《まね》たとか、女性を和人男性に取られないいために始めた、あるいはお歯黒の代わりなどの説明がある。文身は、手首と唇の周囲（地域によって差がある、図19参照）に入れられていた。文身の開始時期は初潮後あるいは十一―十五歳など、これも地域によって異なるが、成人女性全員がしなくてはならないものであった。通常は一度にするのではなく、何度かに分けて行うもので、小刀や剃刀《かみそり》で傷をつけたところへ、色素（いろりに鍋をかけて樺皮《かばがわ》を燃やし、その鍋底の煤《すす》を用いる）をすり込む。施術は女性が行うが、文身を入れる女性の親族とは限らず、主に手慣れた年配の女性が行なっていたようである。施術後の腫れ具合には個人差があるので一概にはいえないが、二、三日は腫れ上がって口が開けず、食事をすることもできなかったほどであったという。このような苦痛を伴う習俗は、何故行われていたのであろうか。実はこの習俗は、彼等のコスモロジー（他界観）と強く結びついていた。

他界観と現世のつながり

かつてのアイヌ女性は、文身の他にもう一つ必ず身につけているものがあった。ウプショル／ウプソル（upsor）と呼ばれた下紐《したひも》（貞操帯）である。イラ草などで編まれた紐にさまざまな飾りがつけられた観念上の貞操帯であったが、男性は自分の母親と同じ下紐を持つ女性との結婚は許されないという、婚姻規制があった。

この下紐は母系で伝わり、その形状はそれぞれ始祖と関わる女神によって異なったという。同じ下紐を持つ集団を同一下紐（集団）シネウプソㇽ＝(sineupsor)といい、その成員は結婚・出産・葬儀などさまざまな協力関係にあった。下紐は、ほかにも呪術的な威力をもつとされていたが（和人女性のお腰に相当）、女性がこれを持たない場合には、火の取り扱いや食物の調理ができないばかりか、家族（夫や子ども）に悪い影響を及ぼすとされていた。それは「万事拍子が悪く、神頼みも聞かれず、狩の獲物も与えられず、子供の育ちも悪い」というようなものであった（清川清子『アイヌの婚姻』）。

女性は現世（アイヌモシリ AynuMosir）から死後の世界（ポクナモシリ PoknaMosir）に行く際は、同じ下紐を持つ祖母の所へ行くと考えられ、現世のみでなく他界でも協力関係にあった。

文身もまた同様の機能をもつと考えられていたことから、これを施していることが結婚の条件の一つとされていた。文身の無い女性は夫や家族に悪い影響をもたらすばかりでなく、自身の死後「ひどくいじめられて」、文身を入れるのに、よしや竹を割ったもので切られる（すなわちより苦痛の大きい方法で文身を施される）、あるいは女性を他界へと導くと考えられている祖母が、彼女を判別できないため、死後「迷う」という。

ちなみに家を焼く風習も、死後自分で家を作ることができない女性や老人の死者のために、住居を他界へ「送る」ために行われていた。

このように文身習俗は、現世ではその女性のみでなくその夫や子どもなどの親族に影響を及ぼし、他界では彼女の死後の生活にも関わると考えられていたのである。それゆえ、全ての女性が行う必要があるとみなされていた。

受容の過程

〔資料8〕で示された規制では「陋習」は「均しく開明の民たらしむるの気力を作振するの妨害」となるとし、「従来の風習を洗除し教化を興」すことをその目的にあげていた。元来彼らの他界観に基いた文身も、次第にその影響を受けていったことが、資料等から読み取ることが可能である。

坪井正五郎「アイヌの入墨」では、坪井が明治二十一年（一八八八）に聞き取りをした内容が記されている。そこでは、文身の施術の痛さで失神し水をかけることがあるほどであるが、「苦しくてもする」「欲しい」ものだという女性の言を伝えている。

また、清川清子『アイヌの婚姻』の記録は昭和二十六（一九五一）―二十九年に調査されたものであるが、当時九十四歳（推定で安政四年〈一八五七〉―万延元年〈一八六〇〉生）の女性と七十八歳（同明治六年―九年生）の女性は、次のように語っている（名前は省略した)。

胆振国白老《いぶりこくしらおい》（九十四歳）

入墨は、唇の上に少しずつ入れて、だんだん大きくした。二〇歳前にするが、その頃になると入墨が欲しい。

一一歳くらいの時、雨の降る日に、ばばたちが集ったところで、「お前もやれ」と押えられてやった。その頃はシャモの言葉もわかってたので、「泣くな、泣くな」といわれても痛い。四、五日すればかゆい。おれのは、痛がって浅く切ったのでとれてしまった。（中略）痛くてもとても欲しいもんだ。（中略）バキサラ（入墨）せぬと、死んでから竹のマキリで切られるという。（中略）入墨をする人がかたきだったら、深く切るので、やめて（痛んで）飯を食うことができない。（後略）

日高国浦河西舎《にしちゃ》（七十八歳）

（前略）口は幼い時でないとよくないので、一一、二歳の時に染めた。「とと（夫）もてるか、嫁に行かれるか」と叱って入墨させる。三日も物を食われぬ。重湯《おもゆ》をつくって口をあけて飲み、泣いて親を恨んだ。口を染めないで嫁にやると、男がカムイノミ（神拝み）に出られず、出世しないと叱られた。まごばあさんが剃刀《かみそり》で切って染めてくれたが、泣いたので曲った。

手も一六、七歳の時にしたが、大木みたいにはれた。樺皮をとって焚き、洗った鍋の尻に煤をつけて、その煤で切口をこするので、「ハンヤー（痛い）、ハンヤー」と泣いた。蓬《よもぎ》の汁をつけると少しよかった。私の娘は警察がやかましくなったので染めなかった。

個人差もあるが、文身は痛みを伴う行為である。しかし、当時の「伝統社会」では「しない」という選択肢はない。これが当時六十歳（推定で明治二十四年—二十七年生）の女性となると、「おら一五だったが、痩形で細い人間だったので、痛いかと思って、なんぼいわれてもしなかった。警察にひどいめにあわされるのでしなかった」と述べている。この女性が十五歳だったのは明治三十九—四十二年頃と考えられる。少なくともその頃には——それが警察の取り締まりによる強制によるものであったにしろ——、文身をしない選択肢は存在したようである。

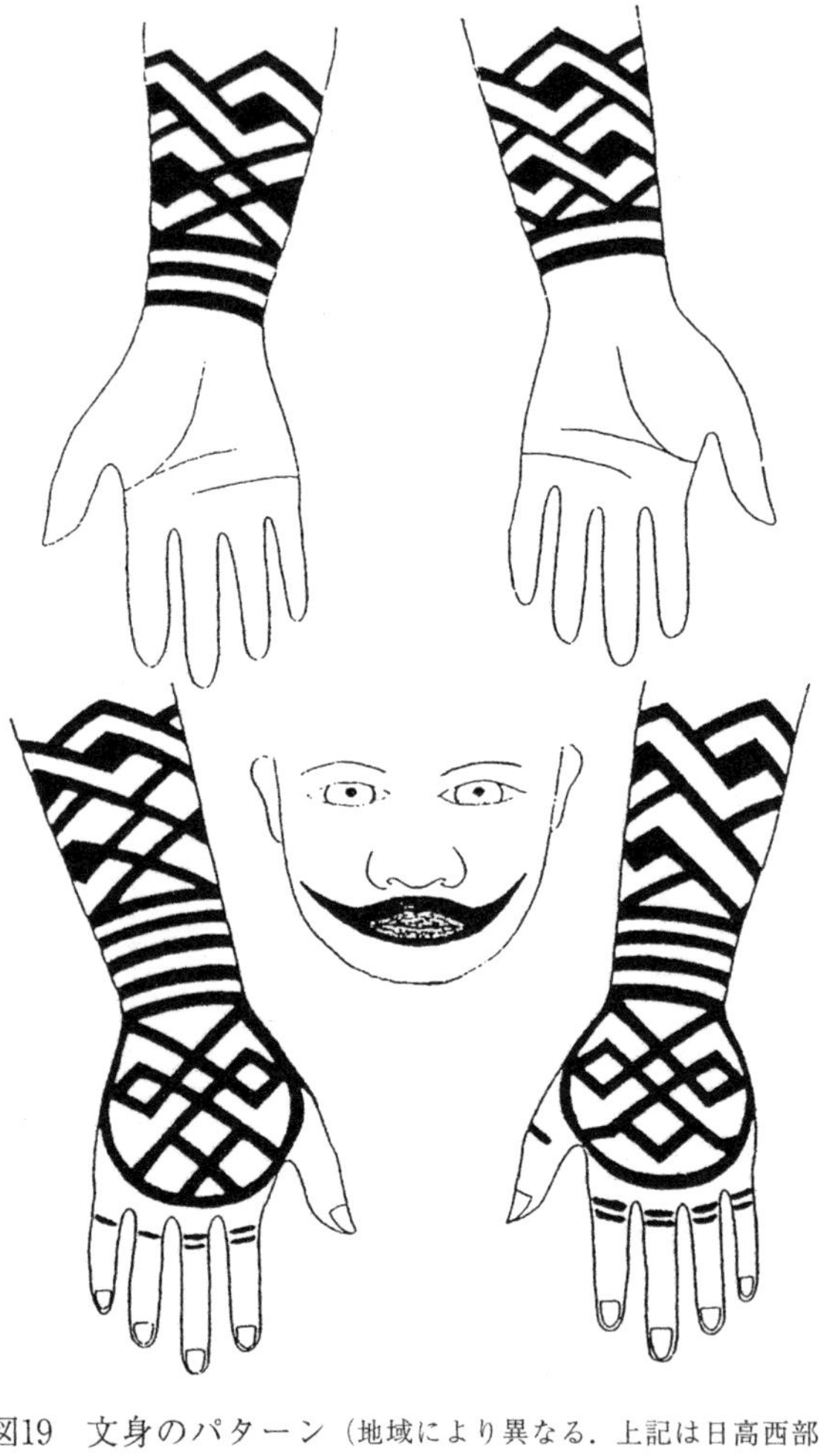

図19　文身のパターン（地域により異なる．上記は日高西部の事例〔Kodama　1970〕）

アイヌ女性の文身がほぼ行われなくなったのは、大正期ごろと考えられている。このころになると娘にそのようなことはさせられないという記述もみられるようになる。このように、他界観との関わりから必要とされていた文身も、次第に行われないようになった。

規制の指標

以上、ほぼ同時期に行われた和人風俗とアイヌ習俗に対する規制をみてきた。さらに後者については文身を中心に記し、その変容過程を記した。違式詿違条例の公布・施行をみると、北海道の各支庁間で差があり、開港場であった函館での施行が、最も厳しいものであったことがわかる。

アイヌに対しては独自の規制がなされたが、どちらも文明開化に反する行為と考えられたものである。その規制項目の選定には「西洋人の評価」が指標とされていたが、加えて和人による「評価」も深く関わっている。男女ともに行なっていたピアスを、男子のみは即刻禁止するというのも、和人の文化（男女）観が関わっているといえる。

これまで述べたような風俗（習俗）統制は、警察機構の整備に伴い効力をもつようになるが、北海道では取り締まりが強化されたのは、どちらも明治十年（一八七七）以降であると考えられる。

一方、規制を受ける側も価値観が少しずつ変化していく。これは警察の規制強化ばかりではなく、当時の「文明開化」の積極的受容の風潮も何らかの影響を及ぼしている可能性があると思われる。

ところで規制されたアイヌ習俗は、こればかりではない。たとえば賑恤《しんじゅつ》規則（国内最初の生活保護法）制定に伴い廃止された「オムシャ」（近世からアイヌ―和人間に行われていた儀礼的交換。次第にアイヌ「撫育《ぶいく》」の諸品給付として位置付けられていった）や熊祭り、さらには彼らの生業を支えていた弓矢猟も、「旧習改革」を理由に廃止・禁止された。特にこの弓矢猟の禁止令については、御雇い外国人で開拓使顧問であったH・ケプロンの「残酷の習い」であるという言をきっかけに、開拓使に「汚習」という判断のもとに禁止された過程を明らかにしている（百瀬一九九九、二〇〇三bなど）。このように北海道における風俗・習俗統制もやはり、文明開化を絶対視する文化観を基底に行われたものであった。しかし、両者における風俗と習俗の相違は、規制によって受ける影響も異なることを意味する。それが生業にまで及んだ際には、文化の「矯正」は、天然資源に多くの食料を依存していた人々に、さらに重大な影響を及ぼしたのであった。

文明化によって失われたもの――エピローグ

「醜い文明」という自画像

本書では「文明観」を一つの軸にして、明治初期の文明開化を背景に展開された風俗統制過程を例に、特定の風俗が統制された理由とその（新聞等のメディアを通じた）説明およびそれを受けた人々の「理解」の仕方、そして強制的あるいは自主的に関わらず、文化が変化していく過程を示したいと考えた。それと同時に、幾層にも重なる文明観――「文明」対「野蛮」に二分される――の存在とそれがどのように「運用」されたのか、という問題にも言及しようと試みた。

読者の中には、日本が明治初期に西洋諸国から野蛮とされたという知識は、歴史の授業を通じて知っていても、日本人が「無垢な存在」であり「楽園に住む幸福な人々」にさえなぞらえたことのあることを知る人は、少ないのではないかと思う。そして「西洋人のある種のロマンチシズム」と評されてきたこの「醜い文明」に対する「美しさ」には、圧倒的な文明に拠りながら「下位」の文化を評するという形態を、依然としてなぞっていることに注意されたい。

西洋人が当時の日本人に抱いていた「幻想」や示すべき（と考えていた）文明国の規範、日本人の西洋文化吸収の速さとその模倣によって図らずも現れた「自画像」への嫌悪観、この時期に現出した日本論は、その後の様々な日本論の原型とも言えるものである。

「正しい」文明化

一方、西洋のこのような視点にさらされた日本では、本書で例示したように、明治初期の世相の中で、「文明」は絶対的な「善」ないし「正しいこと」（あるいは「必要なこと」）として捉えられたと考えられる。「野蛮の俗」「文明にあるまじきこと」、そして「外国人に批判を受ける」という理由が、小新聞他の庶民向けメディア等でも頻繁に示された。このことによって、多くの風俗や文化が取り締まられ、あるいは――積極的に「文明」を築き上げようという観点から――自主的に捨てられていった。明治初期の極端な廃仏毀釈運動も、この時期に起こったものである。廃仏毀釈を通じて行われた文化財の破壊は、日本を知る外国人たちを驚愕させた。皮肉なことにこの運動についても、やはり外国人による批判が禁止の契機になったと考えられる。

さて、複数の文化が接触した際に起こる「異文化衝突」の一つとして見るならば、明治初期の文明開化の時期には、文化間の「衝突」が少なく、その受容が比較的スムーズであったと言えるかもしれない。この点については、従来から日本人が他の文化を吸収する際の特徴としてよく指摘されているものである。

何度も繰り返すように当時の国際情勢の中で、植民地化を避け、条約を改正するためには、まず文明国として（欧米諸国によって）認識される必要がある、文明開化はその運動の一環であったと位置付けられている。「文明的であること」の第一の判断基準は、西洋（の視点）という外部に置かれた。さらには、「文明」が「正しい」（「野蛮」が「悪い」）という価値観に置き換えられ、社会全般に流布したことは、文明開化の「達成」をより容易にしたのかもしれない。

「変えられなかった」風俗

ところで、違式詿違条例の資料調査の過程で明らかになるのではと筆者が期待したのは、当時の日本人風俗でなかなか変えることのできなかった——恐らくは文化の「コア」の部分とも言えるような——ものである。

それが「都市」と「地方」における違式詿違条例の比較によって、後者で取り締まり得なかったものが、立ち小便と裸——さらに言えば下肥の運搬方法——であるという結果が出た際には、正直に言うと「こんなものが…」と最初は困惑し、頭を抱えてしまった。

しかし次第に、「文化とはそういうものかもしれない」と納得する気持ちになった。「文化」や「風俗」が人間の生活に関わるものである以上、それは人間の生理現象や取り巻く環境（気候）、生産活動と切っても切れない関係にある。上述の要素は全て、当時の農村等の村落生活上、禁止されれば、人々に非常な不便をもたらすものであっただろう。

このように考えて見ると、これらの風俗が禁止された主な理由が（西洋という文化も取り巻く環境も異なる）他者の視点にあるということ自体、筆者にはおかしなことのように思われる。しかしながらこのような批判項目が、意外であったり、時にはいささかばかばかしくさえ思われたりするようなものであったとしても、それは現在の観点からの判断に過ぎない。「過去の文化」である歴史を理解するには、現在からの批判を充てるだけでは、事足りるとは言えないであろう。その時点における世相の中でのリアリティや当時の人々がどのような観点から判断し、どう賛成ないしは反対（抵抗）しようとしたのか、それを一つ一つ明らかにすることが、歴史を理解し、「過去から学ぶ」ことにつながると筆者は考えている。

「守られなければならなかった」習俗

「北海道における風俗統制とアイヌ」でも記したように、アイヌ女性が文身を施すことには、多くの意味がこめられていた。それは現世のみならずあの世における生活、すなわち、此岸《しがん》での家族の繁栄と彼岸《ひがん》に暮らすとされた祖霊との結びつきに大きく関わるものであった。そのため、文身をしないという選択は、かつての女性たちには存在しない。

社会的規範が強い文化では、その規範から逃れることは当該社会からの逸脱を意味する。このような逸脱者は、往々にして何らかの生活の困難に直面することになる。文化が人を型取る（mold）する性質を持っているからこそ、その一方での不自由さの存在についても言及しておかなければならないであろう。

いわゆる「伝統文化」あるいは「未開社会」と称されていた文化の成員には、社会からの逸脱がほとんど不可能な場合がまま見られる。北海道やロシアで話を筆者に聞かせてくれた高齢者たちの話を思い出すたびに、その不自由さに思いを馳せざるを得ないのも事実である。例えば一方からの見方にしか過ぎないとはいえ、かつての少女たちにとっての文身は、「嫌だ」と言っても避けることのできない、（個人差はあるが）痛みを伴うものであったことには変わりはないのではないか。

いささか感傷的な表現をしてしまったが、筆者のフィールドワークを通じての経験が、どうしてもいわゆるかつて「未開」と称された文化と「子どものように無垢」な文化、バラ色の「楽園」という幻想や賛美との大きな乖離《かいり》に、敏感にならざるを得ないようにしているのかも知れない。

「入れ子」状の文明観と風俗統制の顚末

明治初期の風俗統制を検討する過程で、統制できなかった(「変えられなかった」)風俗の存在が明らかになったとともに、本来であれば「変えるべきである」という判断と相容れるものではなかったはずの(「守られなければならなかった」)習俗も、同じ「文明」という判断基準によって統制されようとしたことがわかった。この判断基準の根本に西洋の文化・文明が据えられたことによって、近代以降の日本人の文明観・文化観は形成されてきた。その形成の過程は、自文化の中の他者――都会から見た田舎、為政者等から見た庶民(「幼童愚夫愚婦」)、男性と女性、和人とアイヌ――を浮かび上がらせ、そこにはそれぞれの「文明」観・文化観の相違が立ち現れる。

「明治初期の文明開化の風潮」と本書でも記してきたが、ほぼ同時期とは言え、違式詿違条例が施行された時期は、実際には文明開化期よりも少し短い。しかし急激な風俗統制を可能にしたのが、文明開化の風潮であることには変わりはない。この急激な文化変容の後に現れたのは、その反動としてのナショナリズムの昂揚と「固有の文化」の尊重である。日本の近代初期の文化形成を知ることは、その後の歴史を理解するための鍵ともなるであろう。

あとがき

北海道出身とは言え、アイヌ女性の文身《いれずみ》は昭和十年前後に生を受けた両親から聞いた、「（両親が）友達の家に遊びに行ったら、お母さんが入れ墨をしていた」という思い出話の中でしか知らない。しかし、入墨についての記憶には、苦い思い出がつきまとう。

一九八一年、私は留学生としてアメリカにいた。ホストファミリーの友人であった中年男性の腕に mama の入墨を認めた私は、それがおかしいと笑った。それまでも女性の名（場合によっては二つも三つも！）を、腕に入れている男性はよく見かけた。子どもだった私は、そんなことにも反発を感じていたのであろう。ましてや消えない刻印をママにするなんて、とその「迂闊さ」を嗤ったのだ。しかし後に彼がベトナム戦争の後遺症で、戦後「普通の生活」ができず、苦しんでいた事実を知る。当時ベトナムにいた兵士達の間で、恋人の名前を彫ることが流行ったという。十六歳の志願兵であった彼は、未だ彫るべき親密な女性の名前を持たなかったのだ……。迂闊なのは私だった。

対して一九九六年の夏、私はロシアの少数民族村にある老人養護施設で、ウデゲ（少数民族）の老女の話しを聞いていた。インタビューの最後に彼女の手にある入墨のことを尋ねると、はにかみながら答えた。「最後の夫が自分の名前を私に彫ったのだ」と。幼女の時にさらわれてタイガを転々とし、九歳で妊娠、家に戻されるも親族により堕胎、その後の戦争と二番目の夫との間にできた子どもの死、ソ連崩壊後の変化……。彼女の波瀾万丈の人生を聞いた後では、その入墨がたとえ愛の証であったとしても、チェーホフの『可愛い女』のヒロインが脳裏に浮び、どうしてもやりきれない気持ちが拭えなかった。

本書の対象は、違式詿違《いしきかいい》条例が主となったが、もともとはアイヌの風俗統制、特に女性の文身禁止令とその「評価」のあり方を考察する方法論を試行錯誤していく途上で、結果的に対象とする範囲が広がった、その結果の一部を示したものである。今回、明治初期の日本を評価した当時の英語圏・仏語圏の文献には、直接あたることがほとんどできなかった。間違いがある場合は、全て私の責任である。その場合はご教示とご叱正をたまわりたいと思う。一方で近代文書として、比較的読みやすい条例や「開拓使文書」は、なるべく多く紹介するよう努めた。特に後者を示したのは、奥書も含め行間からアイヌ・和人双方のせめぎあいの一部がうかがわれるためである。近代史・アイヌ史に興味を持ち、一次史料である文書から、歴史を考察してみたいという人が一人でも増えることを願っている。

本書を為すにあたり、荒野泰典氏、新田和幸氏、越澤明氏、菅原繁昭氏には大変お世話になった。また、函館市史編纂室（当時）、兵庫県県政資料館、長崎歴史文化博物館、河鍋暁斎記念美術館など、多くの方々に史料のご教示、ご提供をいただいた。この場を借りてお礼を申し上げたい。また、原稿打ちを手伝ってくれた元ゼミ生の田村由香さん、五十嵐郁美さん、吉川弘文館編集部、そして良き批評家であり辛抱強く筆者をサポートしてくれた家族に、感謝を捧げたいと思う。

平成二十年六月

百　瀬　　響

参考文献（五十音順、重複をさけるため初出のみ掲載した）

○プロローグ
アンベール、エメェ〔茂森唯士訳〕『絵で見る幕末日本』講談社学術文庫、二〇〇四年
松田　清「フランスからみた文明開化」林屋辰三郎編『文明開化の研究』岩波書店、一九七九年
リンダウ、ルドルフ〔森本英夫訳〕『スイス領事の見た幕末日本』新人物往来社、一九八六年
横山俊夫「イギリスからみた日本の『開化』」林屋辰三郎編『文明開化の研究』岩波書店、一九七九年

○文明開化とは何か
小木新造・熊倉功夫・上野千鶴子校注『風俗／性』日本近代思想大系23、岩波書店、一九九〇年
大久保利謙『明治の思想と文化』大久保利謙歴史著作集6、吉川弘文館、一九八八年
クライトナー、G.〔大林太良監修　小谷裕幸・森田明訳〕『東洋紀行』1、平凡社、一九九二年
渋沢敬三編『生活』明治文化史12、原書房、一九七九年
田中彰校註『特命全権大使　米欧回覧実記』5、岩波書店、一九八二年
東京都公文書館編『市中取締沿革』都史紀要2、東京都情報連絡室、一九五四年
東京都公文書館編『明治初年の自治体警察　番人制度』都史紀要22　東京都情報連絡室、一九七三年
富永健一『日本の近代化と社会変動』講談社、一九九〇年

鳥海　靖『動きだした近代日本―外国人の開化見聞』教育出版、二〇〇二年
豆州下田郷土資料館編『ペリー日本遠征記図譜』京都書院、一九九八年
デュル、H.P.〔藤代幸一・三谷尚子訳〕『裸体とはじらいの文化史』法政大学出版局、一九九〇年
中山泰昌編『新聞集成明治編年史』1、財政経済学会、一九三四年
バード、イザベラ〔高梨健吉訳〕『日本奥地紀行』平凡社、一九七三年
正岡　容『明治東京風俗語事典』筑摩書房、二〇〇一年
モース、E.S.〔石川欣一訳〕『日本その日その日』1、平凡社、一九七〇年
M.ド・モージュ他〔市川慎一・榊原尚文編訳〕『フランス人の幕末維新』有鱗堂、一九九八年

○違式詿違条例
石井研堂『明治事物起源』1、ちくま学芸文庫、一九九七年
石井研堂『明治事物起源』2、ちくま学芸文庫、一九九七年
石井良助『明治文化史』2（財団法人開国百年記念文化事業会編）原書房、一九八〇年
大蔵省編『開拓史事業報告』第五編、北海道出版企画センター（復刻版）、一九八五年
大蔵省編『開拓史事業報告付録　布令類聚』下編、北海道出版企画センター（復刻版）、一九八五年
大日向純夫『日本近代国家の成立と警察』、校倉書房、一九九二年
神奈川県警察史編さん委員会『神奈川県警察史』上、神奈川県警察本部、一九七〇年
神奈川県立図書館編『神奈川県史料』5政治部4、神奈川県立図書館、一九六九年

神谷　力「地方違式詿違条例の施行と運用」『手塚豊教授退職記念論文集―明治法制史・政治史の諸問題』慶応通信、一九七七年
坂巻智美「東京違式詿違条例の創定過程について」『専修総合科学研究』11、二〇〇三年
内閣官報局編『法令全書』第7巻―1原書房（復刻版）、一九七五年
長崎県警察史編さん委員会編『長崎県警察史』上、長崎県警察本部、一九七六年
新潟県警察史編さん委員会編『新潟県警察史』新潟県警察史編さん委員会、一九五九年
新潟県編『新潟県史』通史編6、近代1、新潟県、一九八七年
新潟県編『新潟県史』資料編14、近代2、新潟県、一九八三年
兵庫県史制度部「兵庫県史料」26『府県史料』（国会図書館蔵）
兵庫県警察史編さん委員会編『兵庫県警察史』明治・大正編、兵庫県警察本部、一九七二年
百瀬　響「開港都市函館・横浜における明治初期の風俗統制―違式詿違条例とその適用をめぐって」『日本都市学会年報』38、二〇〇五年
百瀬　響「開港都市新潟・神戸における明治初期の風俗統制―違式詿違条例条例の施行を中心に」『都市学会年報』39、二〇〇六年
百瀬　響「開港都市長崎における明治初期の風俗統制―開港五都市の違式詿違条例施行状況との比較から」『日本都市学会年報』41、二〇〇八年

○風俗統制の浸透
石井研堂『明治事物起源』1、ちくま学芸文庫、一九九七年
開港三十年紀年会編『神戸開港三十年史』下、原書房（復刻版）、一九七四年
京都府立総合資料館編『京都府百年の資料』4、京都府、一九七二年
京都府立総合資料館編『京都府百年の年表』4、京都府立総合資料館、一九八四年
京都府警察史編集委員会編『京都府警察史』2、京都府警察本部、一九七五年
佐々木隆『メディアと権力』日本の近代14、中央公論新社、一九九九年
田中　彰『明治維新』日本の歴史24、小学館、一九七六年
土屋礼子『大衆紙の源流―明治期小新聞の研究』世界思想社、二〇〇二年
津金澤聰廣『現代日本メディア史の研究』ミネルヴァ書房、一九九八年
内閣官報局編『法令全書』6巻―1、原書房（復刻版）、一九七四年
松本三之介・山室信一校註『言論とメディア』日本近代思想大系11、岩波書店、一九九〇年
百瀬　響「文明開化における違式詿違条例の図解による普及啓発について」『マンガ研究』7、二〇〇五年

○北海道における風俗統制とアイヌ
『開拓使根室支庁布達全書』上（北海道史料33）
スチュアート　ヘンリ・百瀬　響「社会科教科書のアイヌに関する記述」青柳真智子編『中学・高校教

育と文化人類学』大明堂、一九九六年
「旧土人へ耳環・入墨、禁止ノ件」『開拓使公文録』6717—2（北海道立文書館所蔵）、一八七六年
瀬川清子『アイヌの婚姻』未来社、一八七二年
高倉新一郎『アイヌ政策史』日本評論社、一九四二年
坪井正五郎「アイヌの入れ墨」『東京人類学雑誌』89、一八九三年（礫川全次編、一九九七年『刺青の民俗学』批評社所収）
北海道警察編集委員会編『北海道警察史』1、北海道警察本部、一九六八年
明治六年箱館町会所御触書（市立函館図書館所蔵）
百瀬　響「旭川近文地方の祖霊祭祀―3家の事例にみるその継承と変容」『アイヌ文化』18、一九九三年
百瀬　響「アイヌの死生観」木田献一編『日本人の死生観の文化的研究―伝統と変容』立教大学、一九九四年
百瀬　響「正しい『近代化』―風俗統制令に見る『開化』と『未開』」『RUGAS』17、一九九九年
百瀬　響「近代日本における北海道の内国植民地化と対アイヌ政策の論理―風俗統制令を中心として」『The Journal of Pacific Asia』9、二〇〇三年a
百瀬　響「開拓使期における狩猟行政―北海道鹿猟規則制定の過程と狩猟制限の論理」井上紘一編『社会人類学から見た北方ユーラシア』北海道大学スラブ研究センター、二〇〇三年b
湯浅道男・小池正行・大塚滋編『千葉正士教授古稀記念　法人類学の地平』成文堂、一九九二年

吉岡郁夫『いれずみ（文身）の人類学』雄山閣、一九九六年

○図　版

今江五郎解『御布令違式詿違図解全』慶雲堂（名古屋）、一八七八年
浦谷義春註解『御布令之訳』真部武助（出板人）（大阪）、一八七六年
遠藤喜道編輯『違式詿違御条目図解全』奎文房（東京）、一八七四年
仮名垣魯文他編『万国航海　西洋道中膝栗毛』聚芳閣（東京）、一九二六年
木村信章註解『御布令違式詿違図解』鴻宝堂・梅英堂（京都）、一八七七年
倉田信一謹誌『違式詿違条例』倉田善八蔵版（京都）、一八七六年
西村兼文解『京都府違式詿違図解全』西邨蔵版（京都）、一八七六年
人見鋭太郎『岐阜県違式詿違条例註解』成美堂（岐阜）、一八七八年
平野長富編『栃木県違式詿違条例図解』集英堂（栃木町）、一八七八年
細木藤七編『挿画違式詿違条例全』洋々堂（東京）、一八七八年
前田喜次郎編輯出板『違式詿違図解』（大阪）、一八七六年
町田市立博物館編『昇斎一景：明治初期東京を描く』町田市立博物館、一九九三年
Kodama, Sakuzaemon, 1970, "Ainu : Historical and Anthropological Studies", Hokkaido University, School of Medicine, Sapporo

著者紹介

一九六三年、北海道に生まれる
一九九五年、立教大学大学院文学研究科博士後期課程中退
現在、北海道教育大学札幌校准教授（文化人類学）

主要論文・著書
「開拓使文書」アイヌ関連件名目録　北進と民族学（『植民地人類学の展望』共著）　ロシア極東に生きる高齢者たち

歴史文化ライブラリー
261

文明開化　失われた風俗

二〇〇八年（平成二十）九月一日　第一刷発行

著　者　百《もも》瀬《せ》　響《ひびき》

発行者　前田求恭

発行所　株式会社　吉川弘文館
東京都文京区本郷七丁目二番八号
郵便番号一一三―〇〇三三
電話〇三―三八一三―九一五一〈代表〉
振替口座〇〇一〇〇―五―二四四
http://www.yoshikawa-k.co.jp/

印刷＝株式会社 平文社
製本＝ナショナル製本協同組合
装幀＝清水良洋・渡邉雄哉

歴史文化ライブラリー

1996. 10

刊行のことば

現今の日本および国際社会は、さまざまな面で大変動の時代を迎えておりますが、近づきつつある二十一世紀は人類史の到達点として、物質的な繁栄のみならず文化や自然・社会環境を謳歌できる平和な社会でなければなりません。しかしながら高度成長・技術革新にともなう急激な変貌は「自己本位な刹那主義」の風潮を生みだし、先人が築いてきた歴史や文化に学ぶ余裕もなく、いまだ明るい人類の将来が展望できていないようにも見えます。

このような状況を踏まえ、よりよい二十一世紀社会を築くために、人類誕生から現在に至る「人類の遺産・教訓」としてのあらゆる分野の歴史と文化を「歴史文化ライブラリー」として刊行することといたしました。

小社は、安政四年(一八五七)の創業以来、一貫して歴史学を中心とした専門出版社として書籍を刊行しつづけてまいりました。その経験を生かし、学問成果にもとづいた本叢書を刊行し社会的要請に応えて行きたいと考えております。

現代は、マスメディアが発達した高度情報化社会といわれますが、私どもはあくまでも活字を主体とした出版こそ、ものの本質を考える基礎と信じ、本叢書をとおして社会に訴えてまいりたいと思います。これから生まれでる一冊一冊が、それぞれの読者を知的冒険の旅へと誘い、希望に満ちた人類の未来を構築する糧となれば幸いです。

吉川弘文館

〈オンデマンド版〉
文明開化 失われた風俗

On Demand
歴史文化ライブラリー
261

2019年（令和元）9月1日　発行

著　者　百《もも》瀬《せ》　響《ひびき》
発行者　吉川道郎
発行所　株式会社　吉川弘文館
〒113-0033　東京都文京区本郷7丁目2番8号
TEL　03-3813-9151〈代表〉
URL　http://www.yoshikawa-k.co.jp/

印刷・製本　大日本印刷株式会社
装　幀　清水良洋・宮崎萌美

百瀬　響（1963～）

ISBN978-4-642-75661-7